H. Schmid & W. Helfer

Pilze

Mit freundlicher Empfehlung

Dr. Karl Thomae GmbH
88397 Biberach an der Riss

H. Schmid & W. Helfer

Pilze

Wissenswertes aus Ökologie, Geschichte und Mythos

Sonderausgabe

Thomae

für die Apotheke

Mit 160 Farbabbildungen von

Prof. Dr. R. Agerer (1), J. Christan (2), Dr. W. Helfer (7),
E. Ludwig (4 Aquarelle), Dr. habil. I. Nuß (3),
K. Reinwald (43), P. Schirmer (6), Dr. H. Schmid (77)
und G. Wölfel (17).

Die Bilder auf der Vorderseite zeigen:

Pilzstein (oben links), Steinpilz (oben Mitte),
Morchel (oben rechts), Lärchenporling (Mitte links),
Fliegenpilz (unten links) und Buchenwald-
Naturwaldreservat (unten rechts)

Auf Seite 2 ist der Schwarzgebänderte Harzporling
(*Ischnoderma benzoinum*) abgebildet.

Die Deutsche Bibliothek - CIP-Einheitsaufnahme

Schmid, Helmuth:
Pilze : Wissenswertes aus Ökologie, Geschichte und Mythos /
H. Schmid & W. Helfer. - Eching bei München : IHW-Verl.,
1995
    ISBN 3-930167-14-X
NE: Helfer, Wolfgang:; HST

IHW-Verlag, Eching bei München
Alle Rechte vorbehalten
ISBN 3-930167-14-X

Druck/Litho: Berchtesgadener Anzeiger, Vonderthann´sche
Buch-Offsetdruckerei-Verlag E. Melcher KG
Buchbinderische Verarbeitung: Oldenbourg, München

Inhaltsverzeichnis

Vorwort

Den Menschen früherer Jahrhunderte waren Pilze unheimlich. Plötzlich waren sie da, oft zu Hunderten scheinbar aus dem Nichts entstehend, und bald darauf verschwanden sie auch wieder, spurlos, als hätte es sie nie gegeben. Die Kräuter, die Blüten und Früchte, die Blätter der Bäume, alles hatte im Ablauf des Jahres seine festen Zeiten des Werdens und des Vergehens - das Auftauchen der Pilze konnte niemand vorhersagen. Kein Wunder, daß auch ALBERTUS MAGNUS, der große Gelehrte des Mittelalters, der in vielen Bereichen der Naturwissenschaft so weit in die Neuzeit vorauswies, bei den Pilzen in spekulativen Phantasien steckenblieb:

... sie sind, wie man annimmt, gewisse in pflanzlicher Weise hervorkommende Ausdünstungen aus anderen Pflanzen, weshalb sie auch selten und nur bei anderen Pflanzen sich finden und nur sehr kurze Zeit ausdauern.

Und an anderer Stelle schreibt er:

Es sind solche Pilze giftig, die neben rostigem Eisen, an faulenden Stoffen, neben giftigen Reptilien und an Bäumen wachsen, die wie der Ölbaum die Eigenschaft haben, die Pilze zu verderben.

Auch wenn wir heute wissen, daß der große Scholastiker hier irrte: Die Wissenschaft hat mit den Pilzen nach wie vor ihre Schwierigkeiten. Sie lassen sich in der Regel eben nicht einfach in botanische Gärten oder Blumentöpfe pflanzen, und sicher hat diese Widerspenstigkeit und Unberechenbarkeit der Pilze schon so manch eifrigen Naturforscher abgeschreckt.

Andere dagegen waren fasziniert von den vielen Rätseln, die gerade die Pilze aufgaben. Ihnen verdanken wir heute das Wissen um so manche staunenswerte Einzelheit aus dem Leben dieser seltsamen Wesen. Denn daran hat auch die moderne Wissenschaft nichts geändert: Pilze bleiben für uns Menschen seltsame Geschöpfe, fremd und fesselnd in der so völligen Andersartigkeit ihres verborgenen Daseins.

Wir wollen Sie, liebe Leserin, lieber Leser, in diesem Buch zu einem Blick in die noch immer recht geheimnisvolle Welt dieser Pilze verführen. Es soll kein Bestimmungsbuch sein, in dem möglichst viele Arten nur anhand eines Fotos und einer kurzen Beschreibung ihrer wichtigsten Merkmale vorgestellt werden. Im Vordergrund soll das Leben der Pilze stehen und ihre vielfältigen Einflüsse auf das Leben anderer Wesen. Die vorgestellten Arten sind daher auch nicht, wie allgemein üblich, nach ihrer morphologischen Ähnlichkeit angeordnet, sondern nach ihrer Lebensweise, ihrer Ökologie.

Aber nicht nur im Kreislauf der Natur, auch im Leben von uns Menschen haben Pilze von jeher eine Rolle gespielt. Wer dabei nur an Steinpilz- oder Pfifferlingsmahlzeiten denkt, greift viel zu kurz. Gerade die Menschen früherer Jahrhunderte wußten den Pilzen noch manch anderen, heute oft längst vergessenen Nutzen abzugewinnen. Daneben werden wir aber auch Geschichten von allerhand nützlichen, warnenden oder unheimlichen Eigenschaften der Pilze zu erzählen haben, die uns aufgeklärten Menschen heute seltsam, wenn nicht unglaubwürdig anmuten. Denn wie sollten sich um solch geheimnisvolle Wesen nicht Mythen und uralter Aberglaube ranken?

Über all den interessanten Details haben wir freilich nicht vergessen, daß mancher Pilz außer für den Wald auch für Pfanne und Kochtopf eine hervorragende Zier ist. Unsere Lieblingsrezepte hierzu wollen wir keineswegs verschweigen. Und bei einem Pilzgericht gehört ja bekanntlich nicht nur das Essen, sondern auch das Besorgen zum Genuß.

Viel Vergnügen beim Schmökern und: Guten Appetit!

H. Schmid & W. Helfer, Mai 1995

Pilze - Pflanzen oder Tiere?

Seit jeher galt die Pilzkunde als Teil der Pflanzenkunde. Zu den „Niederen Pflanzen" zählte man die Pilze dort, zusammen mit Algen, Moosen und Farnen. Und für viele der Gründungsväter der Botanik war die Abteilung der Niederen Pflanzen nur so etwas wie die Rubrik „Sonstiges", der man nicht allzuviel Aufmerksamkeit zu schenken brauchte.

Aber sind Pilze wirklich Pflanzen? Die Frage mag zunächst etwas überraschen: Pilze wachsen und nähren sich aus dem Boden, sie laufen, fliegen oder kriechen nicht, sie fressen nicht - warum sollen Pilze keine Pflanzen sein?

Ein augenfälliger Unterschied zu den übrigen Pflanzen besteht freilich: Pilze sind nicht grün, sie besitzen also kein Chlorophyll und können somit nicht das Sonnenlicht zur Deckung Ihres Energiebedarfs nutzen. Es gibt für sie nur eine einzige Möglichkeit der Energiegewinnung: Sie müssen - genau wie die Tiere inklusive uns Menschen - andere Lebewesen bzw. deren Leichen verdauen. **Heterotroph**, sich von anderen ernährend, nennt man diese Lebensweise der Tiere und der Pilze, im Gegensatz zur **autotrophen**, sich selbst ernährenden Lebensweise der grünen Pflanzen.

Wie die Tiere vorgehen, um ihre Nahrung - sei es nun Gras, eine junge Antilope oder Plankton - verdauen zu können, das wissen wir alle: Sie fressen ihre Opfer einfach auf und rücken ihnen dann im Magen mit Enzymen und Säuren zu Leibe. Pilze aber fressen nichts und niemanden auf, und ein Magen wäre für sie ein höchst überflüssiges Organ. Sie haben eine völlig andere Strategie entwickelt: statt ihre Beute in ihr eigenes Inneres aufzunehmen, dringen sie ins Innere dieser Beute ein. Hier scheiden sie dann ihre Verdauungsenzyme aus. Die Verdauung erfolgt also außerhalb des Pilzes - eine „äußere Verdauung" im Gegensatz zur „inneren Verdauung" der Tiere. Erst wenn sich die Nahrung in Form relativ einfacher Moleküle im Wasser löst, wird sie in flüssiger Form in den Pilz aufgenommen.

Die Strategie der äußeren Verdauung bestimmt ganz maßgeblich den Körperbau der Pilze. Dieser Körper ist nämlich nichts anderes als ein unendlich weitverzweigtes Geflecht aus dünnsten Fäden, dünn genug, um das oft kompakte Wirtsgewebe zu durchwachsen. Die Auflösung in feinste Fäden ergibt überdies eine enorm große Gesamtoberfläche, um die Aufnahme der verdauten Stoffe zu gewährleisten. Und selbstverständlich hat dieses Geflecht auch keine feste Form, sondern paßt sich vollständig dem zu durchwachsenden Organismus an und kann so bis in seine letzten Verzweigungen vordringen.

„Hyphen" nennt man diese dünnen Fäden, die lediglich eine eindimensionale Aneinanderreihung von langgestreckten, schlanken Zellen darstellen. Das gesamte aus diesen Hyphen bestehende Geflecht wird als „Mycel" bezeichnet, und dieses Mycel ist der eigentliche Pilz, sein eigentlicher Vegetationskörper, unsichtbar in der Streu- oder Humusschicht des Bodens, im Holz eines Baumes, im Gewebe eines lebenden Blattes, im Panzer eines Insekts, im Huf einer Kuh, in der Haut eines Menschen ...

Landläufig versteht man unter einem Pilz freilich etwas anderes: das „Männlein im Walde" mit Hut und Stiel, oder vielleicht auch die oft ziemlich großen, konsolenförmigen Baumschwämme an toten oder absterbenden Bäumen. Dabei handelt es sich jedoch lediglich um die Fortpflanzungsorgane der Pilze, nur dazu bestimmt, Sporen zu produzieren und deren Verbreitung sicherzustellen. Und damit der Wind, das bevorzugte Verbreitungsmedium der meisten Pilze, Zugriff zu den Sporen hat, heißt es, aus der Unsichtbarkeit im Inneren des Substrat herauszutreten an die Oberfläche.

Es gibt viele Pilze, die ihre Wachstumsform als zartes Fadengeflecht auch mit dem Austritt an die Oberfläche kaum verändern - jeder kennt die wattigen bis samtigen Überzüge dieser sogenannten „Schimmelpilze". Viele andere Pilze aber geben sich erhebliche Mühe, ihren Sporen eine gute Startposition für deren Luftreise zu verschaffen. Etwa indem sie die Sporen nicht einfach als Schimmel auf der Waldbodenoberfläche erzeugen, sondern einen sporentragenden Hut mit Hilfe eines Stiels einige Zentimeter in den Luftraum heben. Die Chancen der Sporen, über weitere Strecken verfrachtet zu werden, stiegen damit erheblich.

Doch das filigrane Hyphengeflecht, so ideal es für die „äußere Verdauung" im Inneren eines Substrat auch ist, erweist sich für den Aufbau von Gebilden von Zentimetergröße im freien Luftraum als völlig ungeeignet. Hier muß der Pilz kompaktere Strukturen mit fester Form schaffen - eben das, was wir als Pilz kennen, die Pilzfruchtkörper, wie man sie in Unterscheidung zum Mycel nennt.

Nimmt man solch einen Fruchtkörper unter die Lupe, oder genauer: unters Mikroskop, so zeigt sich allerdings, daß er seine Herkunft aus einem Mycel nicht ganz verleugnen kann. Denn auch die Fruchtkörper sind ein Geflecht aus eindimensionalen Hyphenfäden, nur eben wesentlich dichter und kompakter als im Mycel. Von der dreidimensionalen Verwachsung in einem echten Gewebe findet man jedoch keine Spur.

Sind Pilze Pflanzen? - so haben wir zu Beginn gefragt. Seien wir uns bewußt, daß die Unterscheidung zwischen Tier und Pflanze im Grunde eine ernährungsphysiologische Gruppierung ist. Die Ernährungsphysiologie freilich bestimmt letztlich Körperbau und Lebensweise eines Organismus. Beispielsweise erübrigt sich bei den grünen Pflanzen durch die zuverlässige Verfügbarkeit des Sonnenlichts als Energielieferant die Fähigkeit zur Fortbewegung. Für Tiere dagegen ist Beweg-

lichkeit wichtig, sie müßten sonst verhungern, sobald sie ihre unmittelbare Nachbarschaft aufgefressen hätten.

Und die Pilze? Von ihrer grundsätzlichen Ernährungsweise - heterotroph - wären sie eigentlich den Tieren zuzuordnen. Wenn aber die Tiere ihre Nahrung während der „inneren Verdauung" im Magen mit sich herum tragen können, so verdammt die „äußere Verdauung" der Pilze diese zum Durchwuchern ihres Substrats und damit zur absoluten Bewegungslosigkeit (und folglich auch zum Tod, sobald das Substrat erschöpft ist). Die Unbeweglichkeit rückt die Pilze, oberflächlich betrachtet, in die Nähe der Pflanzen. Und zwar nicht nur durch dieses Phänomen an sich, sondern auch durch viele Merkmale, die mit der Unbeweglichkeit zusammenhängen. So umgeben beispielsweise sowohl grüne Pflanzen als auch Pilze ihre Zellen mit stabilisierenden Zellwänden - den Tieren wären diese Wände in ihrer Beweglichkeit nur hinderlich.

Die moderne Wissenschaft hat es längst bewiesen, daß solche Übereinstimmungen zwischen Pflanzen und Pilzen lediglich als Parallelentwicklungen aufgrund gleicher Ausgangspositionen wie etwa Bewegungslosigkeit anzusehen sind und kein Argument für verwandtschaftliche Beziehungen zwischen beiden Gruppen sein können. Längst ist z.B. heute bekannt, daß Pilze für ihre Zellwände nicht Zellulose, den Universalbaustoff der grünen Pflanzen verwenden, sondern Chitin (und damit übrigens dasselbe Baumaterial wie die Insekten!).

In letzter Konsequenz sind die Pilze wohl weder im Pflanzen- noch im Tierreich gut untergebracht. Akzeptieren wir es, daß es neben der uns von Kindheit an vertrauten Zweiteilung in der Welt des Lebens noch eine dritte Kategorie gibt: die Pilze.

Sie verdienen diesen Akt der Gleichberechtigung, auch wenn sie es vorzüglich verstehen, sich den größten Teil ihres Lebens vor uns zu verstecken!

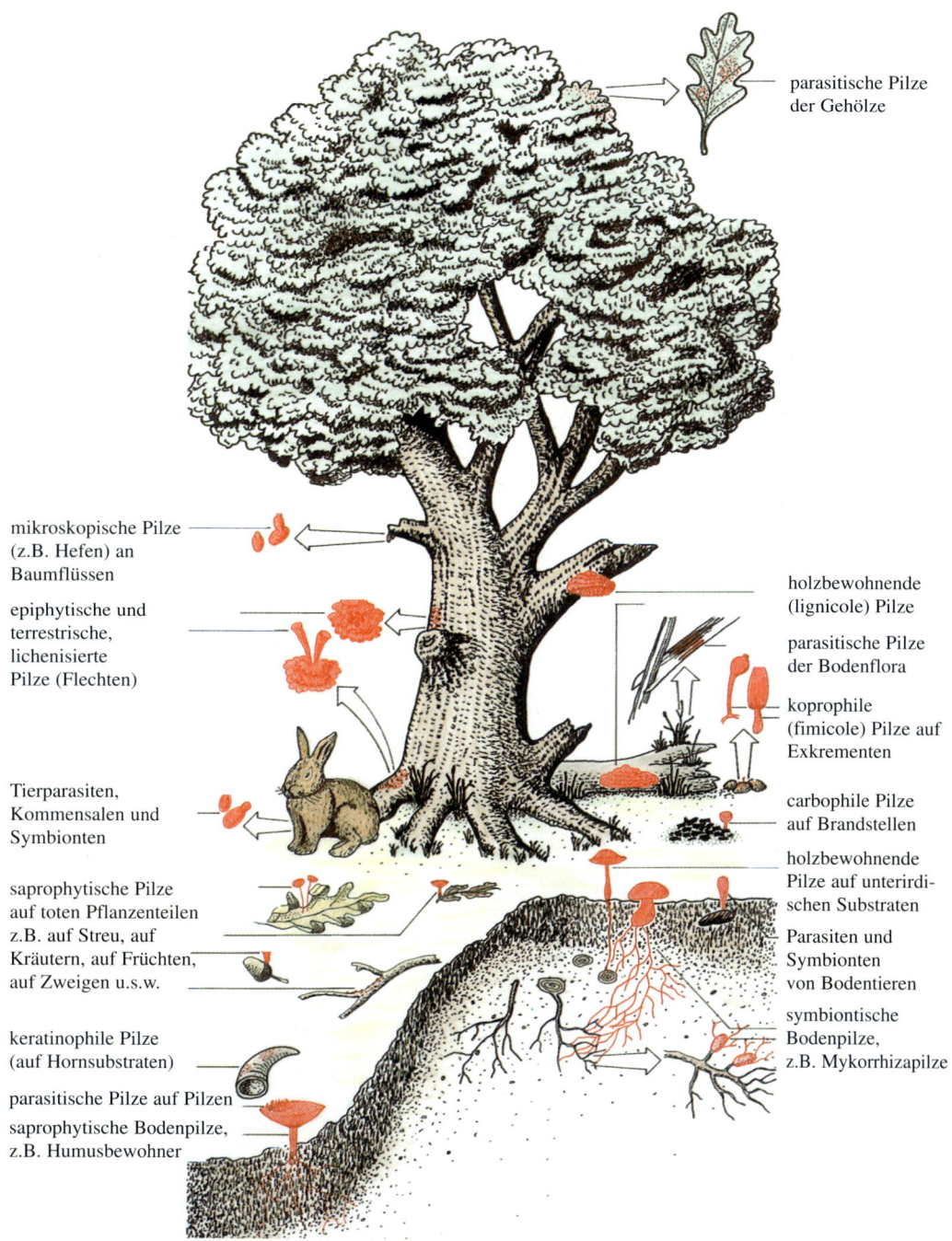

parasitische Pilze der Gehölze

mikroskopische Pilze (z.B. Hefen) an Baumflüssen

epiphytische und terrestrische, lichenisierte Pilze (Flechten)

holzbewohnende (lignicole) Pilze

parasitische Pilze der Bodenflora

koprophile (fimicole) Pilze auf Exkrementen

Tierparasiten, Kommensalen und Symbionten

carbophile Pilze auf Brandstellen

holzbewohnende Pilze auf unterirdischen Substraten

saprophytische Pilze auf toten Pflanzenteilen z.B. auf Streu, auf Kräutern, auf Früchten, auf Zweigen u.s.w.

Parasiten und Symbionten von Bodentieren

symbiontische Bodenpilze, z.B. Mykorrhizapilze

keratinophile Pilze (auf Hornsubstraten)

parasitische Pilze auf Pilzen

saprophytische Bodenpilze, z.B. Humusbewohner

Die wichtigsten ökologischen Nischen der Pilze im Ökosystem „Wald"
Tafel nach DÖRFELT & GÖRNER (1989), verändert durch H. Dörfelt, neu gezeichnet von A. Gutjahr

Dürfen wir vorstellen:
der größte Entsorgungs- und Verwertungsdienst weltweit!

Haben Sie sich schon einmal gefragt, was mit den Leichen der vielen Milliarden Lebewesen geschieht, die in der Natur tagtäglich zu Tode kommen, vom winzigsten Insekt bis hin zum Urwaldriesenbaum? Natürlich, eine ganze Menge davon wird von Tieren gefressen. Im vorigen Kapitel ist uns aber auch bewußt geworden, daß es noch eine zweite große Gruppe von Organismen gibt, die „heterotroph" leben und sich also von anderen Lebewesen ernähren: die Pilze. Tatsächlich sind sie die entschieden potenteren Verwertungsspezialisten. Es gibt wirklich ausnahmslos keinen von einem Lebewesen gebildeten natürlichen Stoff, der nicht von ganz bestimmten Pilzen wieder abgebaut werden könnte. Pilze übernehmen daher im Stoffkreislauf der Natur zusammen mit den Bakterien den weitaus größten Teil der Leichenentsorgung. Wo immer Fäulnis, Zersetzung, Verwesung stattfindet: sie sind in den meisten Fällen die Hauptakteure.

Am deutlichsten wird diese Rolle der Pilze im Wald. Kein toter Baum, kein am Boden liegender Ast, an dem nicht innerhalb kurzer Zeit Pilzfruchtkörper zutage träten. Und mit den regelmäßig in riesigen Mengen abfallenden Blättern und Nadeln wären die im Boden lebenden Würmer und Insekten alleine heillos überfordert. Auch hier müssen Pilze den größten Teil der Arbeit übernehmen, und nicht wenige der am Waldboden zu finden Fruchtkörper ernähren sich ausschließlich von Laub- bzw. Nadelstreu.

Damit haben wir aber nur die auffälligsten Substrate der Pilze kennengelernt - am auffälligsten deshalb, weil auf diesen Substraten viele Arten leben, die relativ große, auffällige Fruchtkörper ausbilden. Die auf den ungezählten anderen natürlichen Materialien wachsenden Pilze begnügen sich zur Sporenbildung meist mit sehr kleinen Fruchtkörpern und bleiben dem, der sich nicht mit einer Lupe gezielt auf die Suche macht, oft unsichtbar. Das gilt für die Besiedler von toten, vorjährigen Kräuterstengeln ebenso wie für Pilze auf Insektenleichen. Daneben hat das riesige Heer der Pilze auch Spezialisten aufzubieten für die Entsorgung von Materialien, die bestimmt kein Tier mehr fressen will: für das Harz einer verletzten Kiefer, den Huf einer von Löwen gerissenen Gazelle, das Horn eines verendeten Rindes, die Federn eines mausernden Vogels, das von einer Eule hervorgewürgte Gewölle ...

Aber auch was zunächst von Tieren gefressen und schließlich als Kot wieder ans Tageslicht kommt, ist ein Fall für Spezialisten nicht nur unter den Insekten, sondern in ganz erheblichem Maß auch unter den Pilzen. „Koprophil", so nennt der Mykologe ganz vornehm diese ökologisch spezialisierten Pilze, zu denen auch eine ganze Reihe von Arten mit größeren Fruchtkörpern zählt. Diese koprophilen Pilze gelten übrigens unter Pilzenthusiasten als Geheimtip, wenn langanhaltende Trockenheit für nahezu fruchtkörperfreie Wälder sorgt. Ein paar Pferdeäpfel in ein Glas, ein feuchtes Papiertuch dazu, das Ganze locker zugedeckt, und schon ist man in den nächsten Wochen mit wunderschönen Pilzen versorgt - schön freilich vornehmlich für das Auge des wahren Pilzliebhabers und weniger für Topf und Pfanne.

Die Fähigkeit, jedes biologisch gewachsene Material zu zersetzen, so unabdingbar notwendig sie für den Kreislauf der Natur ist, kann für den Menschen in Einzelfällen freilich auch unerwünschte Konsequenzen haben. Wer freut sich schon über faulige Kartoffeln, schimmeliges Brot, Äpfel mit großen braunen weichen Flecken oder den vermorschten und daher dringend erneuerungsbedürftigen hölzernen Gartenzaun. Und einige Pilze machen nicht einmal vor bestimmten Produkten der

Alpenrosen-Nacktbasidie

Exobasidium rhododendri (Fuckel) Cram.

Der Pilz infiziert Blätter der Alpenrose, die daraufhin unregelmäßige Knollen von bis zu 3 cm Durchmesser bilden; diese sind rosa bis rot gefärbt und
weiß bereift durch die Fruchtschicht, die die ganze
Oberfläche überzieht. Die Knollen sind also nicht
die Pilzfruchtkörper, sondern schwammig wu-
cherndes Blattgewebe.

Mineralölindustrie halt. So ist beispielsweise
ein in der Natur aus dem Boden oder von Harz
bekannter mikroskopisch kleiner Pilz nicht
selten auch in Flugbenzin und Raketentreib-
stoff zu finden und dort wegen der Gefahr des

Verstopfens von Pumpen und Filtern entsprechend gefürchtet.

Wer aber übernimmt die Beseitigung der Be-
seitiger, wer sorgt für die Entsorgung der
Pilze, sofern ihre Fruchtkörper nicht von Maden zerfressen, von Rehen abgeäst oder vom
Menschen gesammelt wurden? Natürlich wieder Pilze! Hunderte von Pilzarten haben sich
auf die Zersetzung der Fruchtkörper anderer
Pilzarten spezialisiert. Wen dies verwundert,
der möge bedenken, daß beispielsweise auch
viele Säugetiere die „Entsorgung" anderer
Säugetiere übernehmen: Katze frißt Maus,
Wolf frißt Schaf, Mensch ißt Schwein ...

Im folgenden wollen wir einige Beispiele aus
der riesigen Schar der organisches Material
abbauenden Pilze eingehender im Text vorstellen. Dabei lassen wir die ungezählten Arten mit winzigen Fruchtkörpern weitgehend
außer Acht und beschränken uns auf die
„Großpilze", wie sie vor allem unter den
Streu-, Dung- und Holzbewohnern zu finden
sind - sie liegen der menschlichen Erfahrung
einfach näher.

Wir werden es dabei nicht nur mit reinen
„Leichenzersetzern", also nur auf toter Substanz lebenden und von der Wissenschaft
„Saprophyten" genannten Arten zu tun haben.
Denn während diese Lebensweise für die Zer-
setzer von Waldbodenstreu oder Kotaus-schei-
dungen logischerweise obligatorisch ist,
beginnt eine ganze Reihe der sich von Holz
ernährenden Pilze ihr Dasein im lebenden
Baum, also als Parasiten; der Pilz tötet das
Substrat dann ab und lebt am toten Substrat
weiter.

Und dann sind da noch die obligaten Parasiten: Pilze, die nur in der lebenden Wirts-
pflanze zu existieren vermögen und die mit
deren Absterben ebenfalls dem Tod geweiht
sind. Die Leichenbeseitigung übernehmen andere Organismen. Welche? Nun, in den meisten Fällen natürlich wiederum: Pilze!

Knopfstieliger Rübling

Collybia confluens (Pers. : Fr.) Kummer

Hut bis 4 cm breit, konvex-glockig, glatt, seidenmatt, blaß braun bis rötlich-braun, Rand schwach gerieft. Lamellen grau-beige, gedrängt. Stiel bis 8 cm hoch, zylindrisch, Spitze knopfartig erweitert, glatt bis rillig, rotbraun, zäh, knorpelig. Fleisch wäßrig, dünn.

Der Knopfstielige Rübling wächst auf Blättern und Nadelstreu vom Sommer bis Herbst in Laub- und Nadelwäldern; er ist verbreitet bis häufig.

Beschleierter Zwitterling

Nyctalis parasitica (Bull. : Fr.) Fr.

Hut bis 2 cm breit, jung seidig-schleier-artig weiß überfasert, weiß bis hellgrau, dann graubraun werdend. Lamellen weißlich bis graubraun. Stiel bis 3 cm hoch, zylindrisch, auf graubraunem Grund weiß überfasert. Fleisch weißlich, dünnfleischig.

Der Beschleierte Zwitterling fruktifiziert auf faulenden Pilzen, vor allem auf Täublings-Arten, seltener auf Milchlin-gen, im Herbst und ist nicht häufig.

Narrentasche

Taphrina padi (Jacz.) Mix

Eigentliche Fruchtkörper werden nicht gebildet; die Fruchtschicht überzieht die Haut der Früchte, die sich dabei verlän-gern und atypisch verformen. Die Früch-te werden runzelig, verfärben gelb-grün und gelangen nicht zur Reife.

Die Narrentasche wächst an jungen, am Baum sich entwickelnden Früchten der Traubenkirsche; eine verwandte Art - *Taphrina pruni* - kommt auf Früchten der Zwetschge und der Schlehe vor.

Runzelschorf

Rhytisma acerinum (Pers. : Fr.) Fr.

Fruchtkörper bestehen aus einem rundlichen, schwarzen, fleckenartigen, bis 2 cm breiten Stroma, in dem sich kleine Apothezien entwickeln; Oberfläche schwarz, aderig gerunzelt, bei Reife durch längliche Risse sich öffnend, Fruchtschicht ocker-grau.

Der Runzelschorf befällt vor allem die Blätter des Bergahorns; die Fruchtkörper fruktifizieren im Frühjahr auf den abgefallenen, vorjährigen Blättern.

Sternhaariger Mistborstling

Cheilymenia stercorea (Pers.) Boud.

Fruchtkörper bis 3 mm breit, stiellos dem Substrat aufsitzend; Fruchtschicht gelb bis orangefarbig; Außenseite blasser, mit langen, spitzen, borstigen Haaren besetzt; Randzone mit weit herausragenden Haaren bewimpert.

Dieser Mistborstling kommt auf Dung von Kühen, Rehen und auch anderer Haus- und Wildtiere besonders von Mai bis Juli vor und ist verbreitet.

Brandstellen-Moosling

Lamprospora carbonicola Boudier

Fruchtkörper scheibenförmig bis leicht konvex, bis 3 mm breit, ungestielt, orange bis blaß rötlich; Rand zunächst kragenförmig wulstig, dann sternförmig gezackt, heller; Außenseite schwach mehlig bereift.

Der Brandstellen-Moosling wächst zwischen Moosen auf Erde und auf vermoosten Brandstellen, dann meist zwischen *Funaria*.

Wer am Boden für Ordnung sorgt: Streu- und Dungzersetzer

Exhibitionismus?
Der „unkeusche Phallus"
unserer Wälder und Parks

Die Stinkmorchel - *Phallus impudicus* L. : Pers.

Kennzeichen: Fruchtkörper entwickelt sich unterirdisch und stößt als kugelförmiges Hexenei an die Bodenober-fläche, Geruch angenehm und in diesem Zustand eßbar. Beim Reifen reißt die äußere Hülle auf und innerhalb eines etwa zweistündigen Streckungsprozesses erreicht der Pilz seine volle Höhe (15-20 cm); Der „Stiel" ist porös, hohl, weiß und trägt an der Spitze ein auf der Außenseite netzartig gekammertes, mit einer schleimigen, grünen, süßlich-aasartig riechenden Sporenmasse überzogenes Hütchen.

Der große schwedische Naturforscher CARL VON LINNÉ war wohl einer der genialsten Biologen aller Zeiten. Auf ihn gehen die bis heute gültigen Regeln zur wissenschaftlichen Benennung aller Lebewesen zurück, und ungezählte Tier- und Pflanzenarten tragen noch heute den von ihm für gültig erklärten Namen: wo immer bei exakt wissenschaftlichen Artangaben hinter dem zweiteiligen Namen ein „L." auftaucht, da geht dieser Name auf Linné zurück.

Mit den Pilzen wollte sich Linné allerdings während seines ganzen Lebens nicht recht anfreunden, und entsprechend stiefmütterlich behandelte er sie auch in seinen Werken. Aber auch er konnte besonders auffällige Erscheinungen im Pilzreich nicht einfach übersehen. Und zu diesen auffälligen Pilzen gehört ohne Zweifel die Stinkmorchel. Als „*Phallus impudicus*" (unkeuscher Phallus) nahm Linné den Pilz in seine Inventarisierung aller Lebewesen auf und nannte damit die unvermeidliche Assoziation mit dem männlichen Begattungsorgan freimütig beim bis heute gültigen Namen.

Linné war natürlich nicht der erste, dem diese Ähnlichkeit auffiel. Den Namen *Phallus* verwendete beispielsweise bereits der holländische Arzt ADRIAEN JONGHE, als er 1562 in einem kleinen Büchlein eine nahe verwandte

Stinkmorchelart der Sanddünen beschrieb und abbildete. Damit wurde unserer Gattung auch die Ehre zuteil, alleiniges Thema der ersten rein pilzkundlichen Druckschrift der Geschichte zu sein.

Die Gestalt dieses Pilzes gab denn auch Anlaß zu mancherlei Sorge um Sitte und Anstand. So lesen wir bei Mrs. GWEN RAVERAT in ihren Erinnerungen an das Viktorianische Zeitalter:

In unseren heimatlichen Wäldern wächst eine Art von Pilz, der in der Landessprache Stinkmorchel genannt wird, obwohl er im Lateinischen einen unanständigeren Namen trägt. Der Name ist gerechtfertigt, denn man kann den Pilz allein nach seinem Geruch suchen; und das war Tante Ettys große Idee: bewaffnet mit einem Korb und einem zugespitzten Stock, bekleidet mit einem besonderen Jagdumhang und Handschuhen, erschnüffelte sie sich ihren Weg im Wald, hie und da innehaltend, und ihre Nüstern zuckten, wenn sie eine Witterung ihrer Beute erhaschte; dann schließlich, mit einem tödlichen Sprung, fiel sie über ihr Opfer her und warf seinen scheußlichen Ka-daver in ihren Korb. Am Ende wurde der ganze Fang nach Hause gebracht und in tiefster Heimlichkeit hinter verschlossenen Türen im Feuer des Salons verbrannt, der Sittlich-keit der Mädchen wegen.

Interessantes Detail am Rande: Tante Etty war niemand anderes als die Tochter des berühmten CHARLES DARWIN, des Begründers der Evolutionstheorie! Womit uns schon wieder ein höchst genialer Biologe begegnet, dem die Pilze zeitlebens weitgehend fremd geblieben sind. Andernfalls hätte er seiner Tochter wohl auch eine etwas weniger verkrampfte Ein-stellung der Stinkmorchel gegenüber mit auf ihren Lebensweg gegeben ...

Es erscheint bei dieser auffälligen Gestalt geradezu unvermeidlich, daß die Stinkmorchel Eingang in die Volksmedizin gefunden

Stinkmorchel (*Phallus impudicus*)

der Außenseite des Hütchens denn auch in Scharen angelockt und verzehren sie oft innerhalb von Stunden. In dieser Masse aber hat der Pilz seine Sporen versteckt, die mit den Aasfressern so in alle Himmelsrichtungen verbreitet werden; den Verdauungstrakt der Tiere scheinen sie dabei völlig unbeschadet zu passieren.

Es war übrigens nicht die Form des reifen Pilzes allein, die die Phantasie der Menschen bewegte. Denn die Stinkmorchel erhält ihre Phallusgestalt erst am Ende der Fruchtkörperentwicklung. Aber auch wenn man den Pilz im Jugendzustand findet, bleiben Assoziationen nicht aus, die zwar weniger pikant, aber nicht weniger eindeutig sind: Form und Farbe erinnern unweigerlich an ein Hühnerei. Und so ganz geheuer waren den Menschen diese großen, meist mit dem unteren Teil im Waldboden steckenden Eier noch nie. „Hexeneier", so heißen sie bis heute.

Es lohnt sich, so ein Hexenei einmal der Länge nach durchzuschneiden. Wie in einem riesigen Samenkorn hat man dann die fertige, wenn auch noch stark gestauchte Stinkmorchel vor sich. Ein reifes (und unzerschnittenes) Hexenei reißt schließlich an der Spitze auf, der Stiel im Inneren streckt sich auf ein vielfaches seiner Länge, wobei er ziemlich porös wird, und nach eineinhalb bis zwei Stunden hat das ganze Gebilde seine endgültige Größe erreicht und verströmt seinen unverwechselbaren Duft.

hat und hierbei natürlich auch als Aphrodisiakum eingesetzt wurde. Puder und Salbe aus Stinkmorcheln sollten aber auch gegen Gicht, Rheumatismus und sogar Epilepsie hilfreich sein - was so penetrant roch, mußte doch schließlich auch eine Wirkung zeigen!

Warum die Stinkmorchel so stinkt? Die Taktik, die dahintersteckt, ist eigentlich genau dieselbe wie bei den sogenannten Aasblumen. Stinkmorcheln verlassen sich bei der Verbreitung ihrer Sporen nämlich nicht wie die meisten Pilze auf den Wind; sie haben offenbar mehr Vertrauen zu Insekten, und zwar aasfressenden Insekten. Die werden durch die schleimige, stinkende, grünlich-schwarze Masse an

Auf das Hexenei ist es auch zurückzuführen, wenn die Stinkmorchel in vielen Pilzbüchern das Prädikat „eßbar" erhalten hat. Vom typischen Geruch ist in diesem Stadium nämlich noch nichts zu verspüren. Also nur Mut: der Pilz findet sich bereits im Sommer in den verschiedensten Waldtypen, wo er sich von der Streu ernährt und bisweilen auch parasitisch an Wurzeln lebt. Aber auch in Parks und sogar in Gärten sind die Fruchtkörper anzutreffen, und sie gedeihen im Gegensatz zu den meisten anderen Pilzen auch bei trockener Witterung.

6-12 Hexeneier (je nach Göße) waschen, abtrocknen und in etwa halbzentimeterdicke Scheiben schneiden, diese salzen und in Mehl wenden. 3 ganze Eier mit 3 Eßlöffel Sahne, Salz und Pfeffer verquirlen, darin die Hexeneischeiben erneut wenden. Die dritte „Wendung" erfolgt in einem Gemisch aus Semmelbrösel und etwas frisch geriebenem alten Gouda. Danach werden sie in geschmacksneutralem Öl schwimmend auf jeder Seite etwa 2-3 Minuten goldgelb ausgebacken.

Wer das Fritieren scheut wegen der großen Menge Öl, die hierzu benötigt wird, kann die Scheiben natürlich auch in der Pfanne panieren. Kopfsalat paßt ausgezeichnet zu unserem „Hexengericht". Und wenn die aphrodisierende Wirkung auch vermutlich ausbleibt: Ehrenwort, es schmeckt - allerdings nicht nach Pilzen.

Fruchtkörper und Hexenei der Stinkmorchel

Dünen-Stinkmorchel

Phallus hadriani Vent. : Pers.

Die Dünen-Stinkmorchel ist von der oben beschriebenen Stinkmorchel vor allem durch rosafarbene Hexeneier zu unterscheiden. *Phallus hadriani* wächst vor allem in Dünen- und Steppengebieten, hauptsächlich in den südlichen Gebieten Europas.

Tintenfischpilz (*Clathrus archeri*)

Ein exotischer Neubürger in Europa: der Tintenfischpilz

Clathrus archeri (Berk.) Dring

Kennzeichen: Fruchtkörper sich aus einem Hexenei entwickelnd; bei Reife mit 4 bis 6 Armen, die sich tintenfischartig ausbreiten, Arme bis 7 cm lang, leuchtend rot mit netziggrubiger Oberfläche. Stiel bis 5 cm lang, zylindrisch, weißlich, hohl; Konsistenz schwammig-porös.

Die Tatsache, daß es in unserer Heimat in früheren Zeiten Tiere, Pflanzen und Pilze gab, die der Mensch inzwischen von hier verdrängt hat, ist uns heute allen bewußt. Umgekehrt aber wandern immer wieder auch Arten mit Hilfe des Menschen neu in unser Gebiet ein, wo sie freilich alles andere als einen ökologischen Ersatz für die verschwundenen Kulturflüchter stellen.

Unter den Pilzen ist unser auffälligster und am exotischsten anmutender Einwanderer des 20. Jahrhunderts sicherlich der Tintenfischpilz. Er hat eine weite Reise hinter sich: aus Australien oder Neuseeland dürften die ersten Sporen als blinde Passagiere in irgendeiner Schiffsladung zu uns gelangt sein. Erstmals in Europa fand man die Art offenbar um 1914 in den Vogesen. Von dort aus trat sie dann ihren bis heute anhaltenden Eroberungsfeldzug an. Der erste deutsche Fund gelang 1938 im Schwarzwald, 1977 wurde die Ostsee erreicht.

Seinen deutschen Namen trägt der Tintenfischpilz völlig zurecht: wie die Tentakel eines Kraken recken sich die leuchtend roten Arme des reifen Pilzes in die Höhe. Im übrigen zeigen sich deutliche Verwandtschaftsbeziehungen zur Stinkmorchel, denn auch der Tintenfischpilz entwickelt sich aus einem Hexenei und lockt mit der stinkenden, schwarzgrünen Sporenmasse seiner Tentakel Aasfliegen an, die für seine Verbreitung sorgen. Und das, wie man zugeben muß, durchaus mit Erfolg.

Parasol, Riesenschirmpilz (*Macrolepiota procera*)

Der Parasol - rekordverdächtig in der Größe, ausgezeichnet im Geschmack

Macrolepiota procera (Scop. : Fr.) Singer

Kennzeichen: Hut 10 bis 30 cm breit, anfangs kugelig-geschlossen, dann gewölbt bis ausgebreitet; Huthaut in große, oft faserig-fransige, ocker-bräunliche Schuppen aufbrechend. Lamellen weiß. Stiel bis 50 cm hoch, zylindrisch mit zwiebelig verdickter Basis; unterhalb des zweischichtigen, flockig-berandeten Ringes dicht mit bräunlichen Bändern genattert. Fleisch blaß, nicht rötend.

Im Guinnes-Buch der Rekorde steht er zwar nicht, dennoch dürfte er mit bis zu 50 cm Höhe und 30 cm Hutdurchmesser wohl unser größter einheimischer Blätterpilz sein. Und dieser Rekord ist wesentlich erfreulicher als viele der unsinnigen Höchstleistungen aus dem genannten Buch. Gehört der Parasol, auch Riesenschirmling genannt, doch zugleich zu den schmackhaftesten Speisepilzen

überhaupt. Riechen Sie nur einmal daran: ein herrliches Aroma, das man recht treffend mit „Geruch nach Erdnußbutter" umschreiben könnte.

Dummerweise hat der Pilz einen Doppelgänger, Safranschirmling (*Macrolepiota rhacodes*) genannt, eine nah verwandte Art, die man zwar bedenkenlos essen kann, aber die bei weitem nicht so hervorragend schmeckt. Weiß man Bescheid, so sind die beiden jedoch leicht zu unterscheiden. Der echte Parasol hat einen genatterten Stiel, wobei sich braune und weiße Zonen in dichtem Wechsel ablösen. Bei seinem Zwillingsbruder dagegen ist er ziemlich einheitlich gefärbt, zunächst weiß, verfärbt aber im Alter oder nach Berührung rotbraun. Außerdem: der Safranschirmling verströmt leider kein Erdnußbutteraroma.

Nicht nur im Aussehen, auch in ihrer Lebensweise ähneln sich die beiden Arten stark. Sie

Rötender Schirmpilz, Safranschirmling

Macrolepiota rhacodes (Vitt.) Sing.

Der Safranschirmling unterscheidet sich vom Parasol durch weiße Lamellen, die an Druck- und Schnittstellen und im Alter safranrot anlaufen, und durch einen weißen Stiel, der an verletzten Stellen rötet.

Er wächst vom Sommer bis zum Herbst in Parks und Gärten, in der Streuschicht von Laub- und Nadelwäldern.

scheinen ebensogerne die Streuschicht von Laub- wie von Nadelwäldern zu zersetzen. Und auch auf Wiesen und Ödland sowie an Wegrändern findet man sie hin und wieder, sofern ein Wald in der Nähe gelegen ist. Manchmal erscheinen die Fruchtkörper schon im Juli, „Hauptsaison" scheint jedoch der September zu sein. Die Hüte bleiben dabei ziemlich lange geschlossen und sitzen dem Stiel wie in braunes Ei auf. Man nennt dieses Entwicklungsstadium recht treffend „Paukenschlegel". Beim Aufschirmen schließlich zerreißt die braune Oberschicht der Huthaut gegen den Rand hin zu groben braunen Schuppen. Die Pilze erscheinen einzeln oder in Gruppen, bilden jedoch keinerlei auffällige Hexenringe.

Sammelt man den Parasol für Speisezwecke, so kann man die zähen Stiele getrost im Wald stehen lassen, der Hut läßt sich sehr leicht und ohne Messer abtrennen. Zuhause sollten Sie den Pilz nach Möglichkeit nicht waschen, damit der volle Geschmack erhalten bleibt. Behandeln Sie ihn ansonsten einfach wie Wiener Schnitzel. Und ob fritiert oder in der Pfanne paniert: er steht der österreichischen Spezialität bestimmt nicht nach. Wohl bekomm's!

Blutblättriger Zwergschirmling

Melanophyllum echinatum (Roth : Fr.) Sing.

Hut bis 4 cm breit, gewölbt bis ausgebreitet, hell- bis dunkelgrau, Rand vom Velum behangen. Lamellen karminweinrot. Stiel bis 5 cm hoch, schmutzig rötlich, jung mit körnig-mehligem Belag. Geruch unangenehm.

Der Blutblättrige Zwergschirmling, ein kleiner Verwandter der Riesenschirmlinge, fruktifiziert in humusreichen, feuchten Laub- und Nadelwäldern, in Gebüschen, Gärten und auf Ruderalstellen.

Frühjahrslorchel (*Gyromitra esculenta*)

Ein köstlicher Giftpilz:
die Frühjahrslorchel

Gyromitra esculenta (Pers. : Fr.) Fr.

Kennzeichen: Fruchtkörper 5-12 cm hoch und bis 16 cm breit; Hut unregelmäßig abgeflacht, rundlich, hirnartig gewunden, gelb-, rot- bis schwarzbraun; Rand bisweilen eingerollt und am Stiel angewachsen. Stiel kurz, etwa ein Viertel der Huthöhe, starr, stark gefurcht, weiß, hohl und gekammert, Oberfläche fein kleiig. Fleisch brüchig, ohne spezifischen Geruch und Geschmack.

Im deutschen Sprachraum kennt man diesen Pilz unter mehreren verschiedenen Namen. Neben „Frühjahrslorchel" wird er auch „Speiselorchel" oder aber „Giftlorchel" genannt. Ein Widerspruch?

Nun, zumindest muß man allen beiden letztgenannten Namen uneingeschränkten Wahrheitsgehalt attestieren. Etwa eine Million Menschen verspeisen nach einer zu Beginn der siebziger Jahre erschienenen Schätzung alljährlich diesen Pilz. Eine wenige Jahre zuvor erschienene Arbeit zählt ohne jeden Anspruch auf Vollständigkeit über fünfhundert Vergiftungsfälle durch eben denselben Pilz auf - jeder siebte davon mit tödlichem Ausgang!

Als Erklärung der immer wieder auftretenden Frühjahrslorchelvergiftung wird meist angeführt, hier wäre der Pilz nicht sachgerecht zubereitet worden; man müsse ihn zweimal abkochen und das Kochwasser jeweils fortschütten. Darin liegt sicher ein Gutteil Wahrheit, denn das als Gyromitrin bekannte Gift der Frühjahrslorchel zersetzt sich bei Hitzeeinwirkung rasch. Dennoch sind auch Fälle bekannt, in denen es trotz „lorchelgerechter" Zubereitung zu meist leichteren Vergiftungen kam. Der Verzehr des Pilzes bleibt also Russisches Roulette, obgleich mit recht hoher Überlebenschance.

Was einem passiert, wenn man bei diesem Spiel „die Kugel erwischt"? In schweren Fällen, beim Verzehr roher oder wenig gekochter Fruchtkörper, kann der Krankheitsverlauf einer Vergiftung durch Knollenblätterpilze sehr ähnlich sein: nach meist sechs bis zwölf Stunden langer Latenzzeit treten Magen-Darm-Beschwerden auf, danach kommt es wieder zu einer deutlichen Besserung des Wohlbefindens. Später jedoch zeigen sich deutlich Symptome einer Leberschädigung, nicht selten verbunden mit einem Zerfall der roten Blutkörperchen und nervösen Erregungszuständen, was schließlich zum Tod führen kann.

$$CH_3-CH=N-N\begin{smallmatrix}CH_3\\\\CHO\end{smallmatrix}$$

Gyromitrin

Während aber nach dem Verzehr von Knollenblätterpilzen eine Erkrankung als sichere Sache zu gelten hat, bleibt der Roulette-Charakter der Lorchelvergiftung auch nach einer ungenügend gegarten Mahlzeit erhalten. Hier scheint die körperliche Konstitution des einzelnen, v.a. seine Fähigkeit, die Giftstoffreste schnell im Körper abzubauen, eine entscheidende Rolle zu spielen. Nur so ist etwa der Fall einer sechsköpfigen Indianerfamilie - Opa, Oma, Vater, Mutter, zwei Kinder - zu erklären: Stunden nach einer Lorchelmahlzeit war der Mutter zwar speiübel, sie erholte sich jedoch ziemlich schnell wieder. Der Großvater jedoch wurde fünf Tage später zum Witwer, obwohl er selbst, ebenso wie Vater und Kinder, vollkommen beschwerdefrei blieb.

Trotz einer hohen Zahl von Vergiftungsfällen wollen viele Menschen offenbar nicht auf die Frühjahrslorchel als Speisepilz verzichten. Es muß wohl was dran sein an ihrem angeblich so ausgezeichneten Geschmack. Die deutschen Gesetzgeber ließen sich freilich von kulinarischen Argumenten nicht beeindrucken und verboten jeden Handel mit diesem Pilz. Im Gourmetland Frankreich dagegen wird er noch heute hoch geschätzt, und auch in Finnland beispielsweise zählt er zu den beliebtesten Speisepilzen.

Wenn die Frühjahrslorchel dennoch vielen Pilzfreunden unbekannt ist, so liegt das natürlich unter anderem an ihrem ungewöhnlichen Erscheinungstermin weitab von der gewöhnlichen Pilzsaison: März bis Mai empfehlen sich als die erfolgversprechendsten Monate, sandige Kiefernwälder als ihre typischen Standorte. Der Pilz scheint sich von der dortigen Kraut- und Nadelstreu zu ernähren, möglicherweise aber auch von sehr morschen Holzresten, in deren Nähe er gerne erscheint. Wir empfehlen angesichts der vielen Vergiftungsfälle entschieden: Lassen Sie ihn dort stehen.

Niemand möge sich dadurch die Freude an einem Fund der bei uns nicht gerade häufigen Pilzart nehmen lassen. Allein schon ihr bizarres Aussehen vermag einen in Staunen zu versetzen: auf einem stark gefurchten weißen Stiel wuchert ein seltsam hirnartig verformter und merkwürdig gewundener Hut. Lamellen, Poren oder Röhren auf der Unterseite zur Vergrößerung der sporenbildenden Fläche, wie sie uns von vielen „gewöhnlichen" Pilzen her vertraut sind, suchen wir hier vergebens. Unser Pilz bildet seine Sporen nämlich gar nicht auf der Hutunterseite und läßt sie von dort aus fallen, nein, hier werden sie auf der Oberseite produziert und mit großer Energie in die Luft geschleudert. Die hirnartigen Windungen dieser Oberseite aber dienen wohl genau dem selben Zweck wie etwa die Röhren des Steinpilzes: sie schaffen mehr Fläche und damit mehr Raum zur Sporenbildung.

Manchmal, wenn etwa plötzlich wärmende Sonnenstrahlen auf einen reifen Fruchtkörper treffen, kann man sogar zum Augenzeugen werden, wie der Pilz eine Unzahl seiner Sporen auf die Reise schickt. Zarte Wölkchen erscheinen dann im Licht und verwehen im Wind. Ein an sich unspektakulärer Vorgang - nur dem, der weiß, was hier geschieht, wird er zum Erlebnis!

Nelkenschwindling (*Marasmius oreades*)

Gleichermaßen geeignet zum Würzen von Soßen wie zum Abstecken von Hexentanzplätzen: der Nelkenschwindling

Marasmius oreades (Bolton : Fr.) Fr.

Kennzeichen: Hut 2-5 cm breit, halbkugelig glockig bis konvex, später abgeflacht mit breitem Buckel; Oberfläche glatt, hygrophan, im feuchten Zustand ocker bis rotbräunlich, beim Austrocknen cremefarben bis hell lederfarben. Lamellen weißlich bis cremefarben, entfernt stehend. Stiel 3-7 cm hoch und bis 6 mm im Durchmesser, zylindrisch, fein filzig, cremefarben bis bräunlich, zäh, elastisch. Fleisch weißlich. Geruch angenehm aromatisch.

Ist Ihnen das schon einmal aufgefallen? In manchen Rasenflächen, die ja eigentlich dem gärtnerischen Ideal entsprechend einheitlich grün sein sollten, zeichnen sich metergroße Ringe am Boden ab. Nein, wir meinen keine Fußballplätze mit Anstoßkreis, sondern ganz normale Grünflächen, in denen der Rasen entlang einer mehr oder minder geschlossenen kreisförmigen Linie deutlich üppiger wächst; manchmal allerdings verläuft ein weiterer, konzentrischer Ring mit braun verfärbtem, abgestorbenem Gras direkt daneben.

Steht man selbst inmitten des Rasens, so fallen diese Ringe kaum ins Auge, eher schon bei der Betrachtung von oben, etwa von den oberen Stockwerken eines benachbarten Gebäudes aus. Archäologisch vorgebildete Betrachter denken hier manchmal an verschüttete Zeugnisse früherer Kulturen, wie sie sich ja bekanntlich bisweilen in Äckern abzeichnen. Die Menschen früherer Jahrhunderte hatten da schon mehr Fantasie: magische Orte, Hexentanzplätze vermuteten sie innerhalb dieser Kreise, und so heißen sie bis heute „Hexenringe". Bestanden die Ringe überwiegend aus verdorrtem Gras, so schrieb man ihre Existenz gar einem glühenden Drachen zu, der hier auf seiner nächtlichen Reise gerastet hatte.

In Schweden geht die Sage, daß innerhalb solcher Kreise geheime Schätze verborgen liegen. Bergen könne man sie allerdings nur mit Hilfe der Elfen, deren Macht man sich dazu mit Leib und Seele verschreiben müsse. Im von der Milchwirtschaft geprägten Holland galten Hexenringe dagegen als die Plätze, wo der Teufel seine Butter rührte. Und fraß eine Kuh das Gras eines solchen Rings, so war die daraus bereitete Butter sicherlich verdorben. Eine der wenigen Überlieferungen, die den geheimnisvollen Kreisen eine positive Bedeutung zuschreiben, finden wir in England. Hier galten die Hexenringe teilweise als gutes Vorzeichen, Haus und Hof an dieser Stelle zu gründen.

In Wirklichkeit freilich sind lediglich Pilze für diesen Zauberspuk verantwortlich, und zwar die unsichtbaren eigentlichen Vegetationskörper der Pilze, die Mycelien. An irgendeinem Punkt des Bodens beginnen sie eines Tages ihr Wachstum und breiten sich von hier aus gleichmäßig nach allen Richtungen aus: ein kreisförmiges Fadengeflecht durchwuchert den Boden, dessen Durchmesser größer und größer wird, während die älteren, im Inneren gelegenen Teile des Mycels wieder absterben.

Am aktivsten sind die jungen Bereiche des Mycels an der Peripherie dieses Kreises. Nur hier bildet der Pilz auch seine Fruchtkörper aus, die folglich, wenn sie in Vielzahl gebildet werden, im Kreis stehen. Und der „Hunger" des Pilzes ist hier ganz enorm: in großem Umfang werden die organischen Bestandteile des Bodens, also die mehr oder weniger stark zersetzten Reste von Pflanzen und auch die von Tieren, zu einfacheren Molekülen abgebaut, damit der Pilz sie schließlich als wassergelöste Nährstoffe aufnehmen kann. Da dieser Abbau noch außerhalb der Pilzzellen erfolgt, profitieren aber auch die Grünpflanzen in diesem Bereich. Vor allem die anfallenden einfachen Stickstoffverbindungen sind ein ausgezeichneter Dünger und lassen einen üppig grünenden Ring im Rasen entstehen.

Warum aber ist die saftig grüne Zone gerade an trockenen Standorten manchmal von einem direkt angrenzenden oder gar dazwischen liegenden Ring abgestorbenen Grases begleitet? Man hat herausgefunden, daß in diesen abgestorbenen Bereichen das dichteste Mycel zu finden ist: sein stark verfilztes Geflecht entzieht dem Boden eine Menge Feuchtigkeit und läßt zugleich nur wenig Regenwasser einsickern, so daß das Gras schließlich vertrocknet. Manche Arten sollen in diesem Bereich auch zu regelrechten Parasiten an den Graswurzeln werden.

Nach dieser Aktivphase stirbt das Mycel dann offenbar schnell ab, sein Geflecht wird nach dem Inneren des Kreises zu rasch lichter. Hier bekommen die Gräser und sonstigen Pflanzen wieder genug Wasser und auch Extradünger durch die abgestorbenen Mycelteile, der die Pflanzen üppig gedeihen läßt. Im Inneren, wo der Pilz längst tot und verschwunden ist, zeigt die Vegetation dagegen wieder ihr ganz normales Erscheinungsbild.

Hexenringe zeichnen somit genau die Bereiche nach, in denen sich ein Pilzmycel im Boden findet. Den Pilzforschern bietet sich dadurch eine einzigartige Gelegenheit, Wachstum und Größe der in der Natur ansonsten unsichtbaren Geflechte zu beobachten. So wissen wir heute, daß der durchschnittliche Jahreszuwachs des Mycelradius in der Regel zwischen 10 und 60 cm liegt. Freilich können sich hier je nach Art und Standort des Pilzes beträchtliche Unterschiede ergeben.

Kennt man einmal die Wachstumsgeschwindigkeit eines Mycels, so läßt sich aus dem Radius auch leicht sein Alter errechnen. Und da müssen wir unsere von den Fruchtkörpern geprägte Ansicht von der schnellen Vergänglichkeit der Pilze gründlich revidieren: bis zu 700 Jahre sollen die größten bekannten Hexenringe alt sein!

Es gibt solche Ringe übrigens nicht nur auf freien Grasflächen, sondern durchaus auch im Wald. Da die Vegetation hier aber deutlich

Hexenring des Mairitterlings

Calocybe gambosa (Fr.) Donk

Der Mairitterling fruktifiziert vom April bis Juni in großen Ringen und Reihen auf Weiden, Trockenrasen, Parks und in lichten Laub- und Nadelwäldern.

Das Mycel wächst von einem Ausgangspunkt alljährlich in alle Richtungen und erzeugt eine kreisförmige Fläche; im Inneren des Kreises stirbt das Mycel allmählich ab, da es die vorhandenen Nährstoffe verbraucht hat. Die Fruchtkörperbildung erfolgt an der Wachstumsspitze.

uneinheitlicher ist, fällt ein ringförmig kräftigeres Wachstum kaum ins Auge, und die Wasserversorgung ist hier in aller Regel gut genug, um keine Kreise mit verdorrten Pflanzen entstehen zu lassen. Und so erkennt man Hexenringe im Wald nur, wenn sie Fruchtkörper bilden: ein Ringelreihen von manchmal mehr als fünfzig oder gar hundert Exemplaren einer einzigen Art, brav im Kreis stehend wie bei einer Kindergartenturnstunde. Allerdings zeigen bei weitem nicht alle Pilzmycelien ein so regelmäßiges Wachstum, um deutliche Ringe auszubilden.

Wir wollen hier einen der auffallendsten Hexenringproduzenten unserer heimischen Flora vorstellen, den Nelkenschwindling. Es ist ein ziemlich kleiner Pilz der Wiesen und Rasenflächen, aber auch in lichten, grasigen Wäldern findet man ihn. Wer aus dem Namen einen Duft nach Gewürznelken ableiten will, der irrt: der Pilz riecht kräftig nach Blausäure (Bittermandeln). Der Name leitet sich, wie auch bei den Gewürznelken, von der angeblich Nagel- bzw. „Näglein"-förmigen Gestalt ab, denn der hell gelblichbraune Fruchtkörper setzt sich aus einem dünnen, langen und recht steifen Stiel und einem relativ kleinen, bei der Reife meist flach ausgebreiteten Hut zusammen.

Niemand lasse sich vom Geruch abschrecken: der Nelkenschwindling ist ein guter Speisepilz, die giftige Blausäure verflüchtigt sich bei normaler Zubereitung praktisch völlig. Und für die ziemlich kleinen Fruchtkörper wird man oft durch ihre große Anzahl, die ein einziger Hexenring gleichzeitig hervorbringen kann, reichlich entschädigt. Sollten es wirklich einmal zu viele sein, so eignet sich die Art übrigens auch ausgezeichnet zum Trocknen. Wie alle Schwindlinge nimmt sie nämlich nach dem Wässern wieder ihre ursprüngliche Gestalt und Größe an.

Wozu man ihn verwendet? Er ist beispielsweise ein ausgezeichneter Würzpilz für kräftige Suppen und Soßen. Die zähen Stiele sollte man allerdings nur mitverwenden, wenn der Pilz vor dem Servieren wieder herausgesiebt wird.

Leider können wir nicht umhin, Ihnen mit einer eindringlichen Warnung den Appetit zu verderben. Viele Pilzsammler sind mit kleinen Pilzen wenig vertraut, und es gibt Hunderte von schmächtigen und hell gefärbten Arten, die allein dadurch dem Nelkenschwindling bei oberflächlicher Betrachtung etwas ähnlich sehen. Darunter sind leider auch einige stark giftige Arten wie etwa bestimmte Rißpilze (*Inocybe*) oder Trichterlinge (*Clitocybe*).

Wenn Sie sich Ihrer Sache also nicht sicher sind: Wie wär's, statt eines Pilzgerichtes zu Hause einmal wieder nett auszugehen?

Langstieliger Knoblauch-Schwindling

Marasmius alliaceus (Jacq. : Fr.) Fr.

Hut bis 4 cm breit, konvex, glatt, matt, ocker-beige mit dunklerer Mitte. Lamellen weißlich bis cremefarben. Stiel bis 15 cm hoch, oft wurzelnd, starr, schwarz, Spitze oft weißlich, fein samtig. Fleisch dünn, Geruch stark nach Knoblauch. Wird als Gewürzpilz verwendet.

Der Langstielige Knoblauch-Schwindling fruktifiziert auf im Boden vergrabenen Ästen, Zweigen und Stämmen der Buche vom Sommer bis Herbst.

Rosa Helmling

Mycena rosella (Fr.) Kummer

Hut bis 15 mm breit, kegelig-glockig, glatt, matt, gerieft, rosafarben bis orange-rosa. Lamellen hellrosa, Schneiden glatt, dunkelrosa gefärbt. Stiel bis 7 cm hoch, zylindrisch, hohl, glatt, schmutzig weißlich bis blaß bräunlich. Fleisch dünn, wäßrig, weißlich. Ungenießbar.

Der Rosa Helmling wächst in Nadelwäldern auf Nadelstreu, vorwiegend von Fichte vom Sommer bis Spätherbst und ist verbreitet.

Schleimiger Schirmling

Limacella illinita (Fr.) Murrill

Hut bis 6 cm breit, konvex bis flach gewölbt, dick schleimig, weißlich bis cremefarben; Rand vom eingetrockneten Schleim behangen. Lamellen weiß. Stiel bis 8 cm hoch, zylindrisch, ohne Ring, schmierig-schleimig, weiß bis cremefarben. Fleisch weich, wäßrig.

Der Schleimige Schirmling kommt vom Sommer bis Herbst in Nadelwäldern, gerne unter Kiefern, auf Kalkböden vor und ist selten.

Fleisch der Götter,
Magic Mushrooms -
große Namen für kleine Pilze

Mexikanischer Kahlkopf
Psilocybe mexicana R. Heim

Spitzkegeliger Kahlkopf
Psilocybe semilanceata (Fr.) P. Kumm.

Kennzeichen von *Psilocybe semilanceata*: Hut 5-15 mm breit und ebenso hoch, glockig bis konisch mit zentraler, zugespitzter Papille, klebrig; hygrophan, bei feuchter Witterung gerieft, gelbbraun, oft mit Olivton, trocken blasser. Lamellen zunächst blaß olivbraun, dann purpurbraun mit weißen Schneiden. Stiel 5-10 cm hoch und bis 3 mm im Durchmesser, blaß, glänzend.

GORDON WASSON war Vizepräsident der Bank J.P. Morgan Co. in New York, seine Frau VALENTINA PAVLOVNA Kinderärztin. In ihrer Freizeit aber frönten beide einem etwas ungewöhnlichen Hobby: Sie wollten der Rolle von Pilzen im Leben der verschiedenen Völker auf die Spur kommen. Und damit waren sie so erfolgreich, daß sie zu den eigentlichen Begründern einer neuen Wissenschaftsrichtung wurden: der „Ethnomykologie".

Die ersten schriftlichen ethnomykologischen Berichte stammen freilich schon von den spanischen Eroberern Mexikos. Lassen wir uns vom Franziskanerbruder BERNARDINO DE SAHAGUN beispielsweise von einer „Pilzparty" erzählen, mit der einige Kaufleute im 16. Jahrhundert das Ende einer erfolgreichen Geschäftsreise feierten:

Das erste, was man bei der festlichen Zusammenkunft aß, waren Pilze; die aßen sie zur Zeit, wenn die Flöten geblasen wurden. Andere Nahrung nahmen sie nicht zu sich; die ganze Nacht tranken sie nur Schokolade. Die Pilze aßen sie mit Honig. Und als die Pilze ihre Wirkung taten, dann tanzten sie, dann sangen sie. Etlichen aber ging es zu Gemüt: sie begaben sich ins Haus, setzten sich drinnen auf ihren Platz, tanzten überhaupt nicht, sondern ließen den Kopf hängen.

Der eine sah in seinen Visionen, er würde sterben, und weinte dauernd darob. Ein anderer sah sich im Krieg umkommen, ein weiterer meinte wilden Tieren zum Opfer zu fallen, wieder ein weiterer sah sich in Kriegsgefangenschaft geraten. Ein anderer wähnte, er würde in Überfluß und Reichtum leben, wieder ein anderer, er würde Menschen kaufen und Sklavenhalter werden. Ein anderer sah sich Ehebruch begehen und gesteinigt werden, ein weiterer meinte zu stehlen und ebenfalls gesteinigt zu werden. Wieder ein anderer wähnte, er würde jemandem den Kopf mit Steinen zerquetschen und würde die gesetzliche Strafe dafür erleiden. Es meinte einer im Wasser zu ertrinken. Ein anderer dagegen sah sich ruhig und gemählich dahinleben und ebenso sterben. Wieder einer wähnte vom Hausdach zu Tode zu stürzen. Alle diese Dinge sahen sie. Als die Wirkung der Pilze nachließ, saßen sie zusammen und erzählten einander, was sie in ihren Visionen gesehen hatten.

Auch bei religiösen Riten wurden diese Pilze verwendet, wie uns ein anderer Chronist berichtet:

Und was geschah, war, daß ein Indianer aus Tenango mit Namen Juan Chichitón ins Dorf kam ... Er hatte Pilze, die er in den Bergen gesammelt hatte, mitgebracht, mit denen er einen großen Götzendienst veranstaltete ... In einem Haus, wo man sich zur Feier eines Heiligen versammelt hatte, wurde die ganze Nacht das Teponastli [ein aztekisches Musikinstrument] gespielt und gesungen ... Nach Mitternacht gab Juan Chichitón, der als Priester in diesem feierlichen Ritual amtete, allen Anwesenden die Pilze nach Art einer Kommunion zu essen, und Pulque zu trinken ... so daß alle den Verstand verloren, daß es eine Schande war.

Für die spanischen Missionare waren Pilze, die Visionen und Rauschzustände erzeugten, schlichtweg Teufelswerk, und sie versuchten mit aller Gründlichkeit, solch heidnische Götzendienste auszurotten. Der Pilzkult tauchte

Spitzkegeliger Kahlkopf (*Psilocybe semilanceata*)

daraufhin in den Untergrund ab. Und dort hat er, weitestgehend geheimgehalten gegenüber allen Fremden, bis heute überlebt. Die Europäer aber hatten seine Existenz über Menschenalter hin vergessen.

Erst in unserem Jahrhundert wurde man wieder auf diese seltsamen Pilze aufmerksam. 1938 gelang es im Mazatekenland in Südmexiko einer Gruppe amerikanischer Wissenschaftler, das Vertrauen der Indios zu gewinnen und als Zuschauer bei einer nächtlichen Heilungszeremonie teilzunehmen. Sie berichten uns von einer stark von christlichen Symbolen und Inhalten überlagerten Kulthandlung, zu deren Beginn der Zauberpriester drei offenbar halluzinogene Pilze verzehrte. Sie selbst konnten „Teonanácatl", das „Fleisch der Götter", wie die heiligen Pilze in der Aztekensprache genannt wurden, allerdings nicht kosten.

Es war nicht zuletzt der Bericht dieser Forschergruppe, der das Ehepaar Wasson 15 Jahre später eine Reise nach Südmexiko in eben dasselbe Dorf unternehmen ließ, in dem die beschriebene heilige Handlung stattgefunden hatte. Sie gewannen Freunde unter der Urbevölkerung, doch dauerte es noch zwei Jahre, bis es Gordon Wasson und einem Begleiter schließlich erlaubt wurde, bei einem der stets nachts stattfindenden Riten selbst Pilze zu essen. Wasson erlebte in dieser Nacht einen Zustand höchsten Glücks - der Bericht, mit dem er später die Fülle seiner Halluzinationen und Gefühle zu beschreiben suchte, gibt trotz allen Strebens nach Sachlichkeit beredtes Zeugnis. Die Gastgeberin aber sollte ihr Entgegenkommen noch teuer bezahlen müssen: ihre Hütte wurde in Brand gesteckt aus Rache dafür, das Geheimnis des Teonanácatl verraten zu haben.

Gordon Wasson war Wissenschaftler genug, sich nicht mit dem Erlebten zufrieden zu geben. Er hatte schon vorher Kontakt mit einem französischen Mykologen aufgenommen, der Teonanácatl als verschiedene, bis dahin nicht

Pilzstein aus Guatelmala: Originalgröße 34 cm hoch, Hutdurchmesser 15 cm

wissenschaftlich beschriebene Arten der Gattung *Psilocybe* identifizierte. Zu deutsch nennt man diese Gattung in wörtlicher Übersetzung des Namens *Psilocybe* schlicht „Kahlköpfe" - welch eine profane Bezeichnung für das „Fleisch der Götter"!

Der Gebrauch dieser Pilze als Droge scheint in Mittelamerika sehr alt zu sein. Wieder war es das Ehepaar Wasson, das überzeugend darlegte, daß die heute als „Pilzsteine" bezeichneten Plastiken der Mayas mit dieser Kulthandlung in Zusammenhang stehen. Diese bis dahin so rätselhaften Steinfiguren haben die Form eines Pilzes, deren Stiel meist eine menschen- oder tierähnliche Gestalt oder deren Antlitz darstellt. Die ältesten werden mehrere Jahrhunderte vor unsere Zeitrechnung datiert.

Darstellung der Überreichung des Heiligen Pilzes in einem Maya-Manuskript

Die Naturwissenschaft war selbstverständlich vor allem daran interessiert, die halluzinogenen Inhaltsstoffe zu identifizieren, die eine dem LSD-Rausch so ähnliche Wirkung entfalteten. Nachdem Isolierungsversuche in mehreren Laboratorien fehlgeschlagen waren, wandte man sich schließlich an den als „Vater des LSD" berühmten ALBERT HOFMANN (siehe das Kapitel über den Mutterkornpilz), der diese Aufgabe gerne annahm.

Für Hofmann und seine Mitarbeiter war die Arbeit freilich mit ungewöhnlichen Pflichten verbunden. Da man von der gesuchten Substanz außer ihrer Halluzinationen erzeugenden Wirkung keinerlei Eigenschaften kannte und diese Halluzinationen im Tierversuch nicht nachweisbar waren, mußten nach jedem Reinigungsschritt die einzelnen Fraktionen im Selbstversuch auf ihren Wirkstoffgehalt hin getestet werden. Mit den wirksamen Fraktionen konnte man dann (nach dem Abklingen des Rauschzustandes, wie wir annehmen) weiterarbeiten.

Schließlich wurden aus dem Pilzextrakt zwei Substanzen isoliert, die man Psilocybin und Psilocin nannte. War zuvor schon aufgefallen, daß sie in ihrer Wirkung stark dem LSD ähneln, so zeigte nun die Aufklärung der chemischen Struktur, daß beide Stoffe tatsächlich Verwandte des LSD sind. Für die Rauschwir-

kung ist jedoch mehr als die hundertfache Menge des bei LSD verwendeten Quantums erforderlich.

Der in den sechziger Jahren mächtig anschwellenden Rauschmittelwelle kamen wissenschaftliche Forschungsergebnisse wie diese gerade recht. Das Mazatekenland Südmexikos wurde zum Mekka amerikanischer Hippies, Huautla de Jimenez, das abgelegene Dorf, in dem die historische Pilzzeremonie mit Gordon Wasson stattgefunden hatte, gar zum Touristenort. Und bald stellte sich heraus, daß Psilocybin-haltige Pilze keineswegs auf Südmexiko beschränkt sind. Die Gattung der Kahlköpfe (*Psilocybe*) ist mit etwa 150 heute bekannten Arten über die ganze Welt verbreitet, und deutlich mehr als die Hälfte davon dürfte Psilocybin enthalten.

Die Erkenntnis, daß das „Fleisch der Götter" auch vor der eigenen Haustüre wachsen konnte, führte bei Jugendlichen v.a. in den USA zu einer wahren Renaissance des Pilzesammelns. Scharenweise zog man aus, jedoch nicht wie die Vorväter in die Wälder, sondern in Parks, auf Wiesen und Weiden. Denn hier findet man sie vor allem, die „magic mushrooms", die Zauberpilze, wie ihre Anhänger sie nannten.

Doch auch bei uns in Mitteleuropa wachsen Psilocybin-haltige Zauberpilze. Der Spitzke-

Trockener Kahlkopf

Psilocybe montana (Pers. : Fr.) Kummer

Hut bis 1,5 cm breit, halbkugelig bis flach gewölbt, klebrig, bei Feuchtigkeit gerieft, rotbraun, trocken rasch ausblassend. Lamellen blaß graubraun, dann schwarzbraun bis purpurbraun. Stiel bis 3 cm hoch, blaß- oder hell-rotbraun, an der Spitze bereift. Giftig.

Der Trockene Kahlkopf wächst zerstreut vom Frühjahr bis Herbst zwischen Moosen auf sandigen Böden oder auf felsigem Untergrund.

gelige Kahlkopf, *Psilocybe semilanceata*, dürfte hier die häufigste Art sein. Er ist ein kleiner Bewohner nährstoffreicher, grasbewachsener Plätze, also beispielsweise auf Viehweiden zu finden. Als charakteristisches Merkmal trägt sein Hut in der Mitte meist einen deutlichen, scharf zugespitzten, manchmal auch eher brustwarzenförmigen Buckel.

Psilocybin

Psilocin

Inzwischen ist Psilocybin sogar aus einer Reihe anderer Pilzgattungen nachgewiesen. Die betroffenen Arten zeigen, v.a. nach Berührung, häufig bläuliche oder grünliche Farbtöne, die offenbar von einer Oxidation des sauerstoffempfindlichen Begleitstoffes Psilocin herrühren. Man kann freilich umgekehrt nicht bei jedem blauverfärbenden Pilz davon ausgehen, daß er Psilocybin enthält. So dürfen wir unseren Lesern versichern, daß der allbekannte Maronenröhrling trotz seiner auf

Druck blaugrün anlaufenden Röhrenschicht keine Rauschzustände erzeugt.

Teonanácatl, das Fleisch der Götter, ist entzaubert, seine Göttlichkeit auf eine chemische Strukturformel reduziert. Psilocybin kann heute in industriellem Maßstab synthetisiert, der Geist der heiligen Pilze in Pillen gepreßt werden. Wir können auch vermuten, daß seine halluzinogene Wirkung wie die des LSD mit der chemisch-strukturellen Ähnlichkeit zum Hirnfaktor Serotonin zusammenhängt. Für alle nicht ganz so modernen Menschen, die über diese Entmystifizierung auch eine Spur von Trauer empfinden, hat Albert Hofmann, der Entzauberer, einen Trost parat:

Worin besteht der erkenntnismäßige Fortschritt, den die naturwissenschaftliche Forschung hier gebracht hat? - Eigentlich doch nur darin, daß das Rätsel um die Wunderwirkungen des Teonanácatl auf das Rätsel um die Wirkungen von zwei kristallisierten Substanzen zurückgeführt wurde, denn diese Wirkungen können auch von der Wissenschaft nicht erklärt, sondern nur beschrieben werden.

Dürfen wir auch fragen, welchen Verlust uns die Forschung hier gebracht hat? Eine kleine, vielleicht unbewußte Andeutung macht Hofmann dazu in seinem obigen Zitat selbst. Spricht er doch beim Teonanácatl von „Wunderwirkungen", bei den kristallisierten Substanzen aber nur von „Wirkungen" ...

Grünspanträuschling (*Stropharia aeruginosa*)

Der Grünspanträuschling

Stropharia aeruginosa (Curtis : Fr.) Quél.

Kennzeichen: Hut bis 8 cm breit, gewölbt bis ausgebreitet; Oberfläche schleimig, spangrün, im Randbereich dicht besetzt mit Hüllresten in Form kleiner, weißer, rasch vergänglicher Schüppchen; bei alten Fruchtkörpern fleckig ausblassend, zuletzt gelbbraun. Lamellen dunkel graubraun mit graulila Ton, Schneiden weiß. Stiel bis 8 cm hoch, oberhalb des Rings weiß und glatt, unterhalb des Rings auf blaß spangrünem Grund weißflockig; Ring kräftig, dauerhaft. Geruch unauffällig. Der ähnliche Braunsporige Träuschling (*Stropharia cyanea*) besitzt einen rasch vergänglichen, weißen Ring.

Grüne Farben, bei den Pflanzen eine Selbstverständlichkeit, kommen bei Pilzen so selten vor, daß sie Aufmerksamkeit erregen. Keine Frage, daß sie bei den heterotrophen Pilzen auch nicht wie bei den autotrophen Pflanzen im Dienste der Energiegewinnung durch das Licht stehen. Und natürlich ist es auch nicht das Chlorophyll, der universelle Lichtsammel-Farbstoff der Pflanzen, der solchen Pilzen ihre grünliche Farbe gibt, sondern chemisch völlig andersartig gebaute Stoffe, denen wohl auch keinerlei wichtige biologische Funktion zukommt.

Zu diesen auffälligen Pilzen gehört der Grünspanträuschling. Aufgrund seiner lebhaft blaugrünen Farbe sind Nichtkenner meist geneigt, ihn für giftig zu halten, doch hier irren sie: man kann die Art bedenkenlos essen; sie gehört allerdings nicht zum exquisiten Delikatessenangebot des Pilzreichs. Und auch für eine reizvolle optische Aufbesserung etwa eines Pfifferlinggerichtes eignet sie sich nicht, da der Hut von einer dicken, klebrigen Schleimschicht überzogen ist, so daß man die Huthaut vor der Zubereitung unbedingt abziehen sollte. Damit aber verschwindet auch ein Gutteil der Färbung. Unser Vorschlag daher: man freue sich an dem schönen Pilz - und lasse ihn im Wald stehen.

Faltentintling (*Coprinus atramentarius*)

Von Tinte, vom Alkohol und einer Notschlachtung

Der Faltentintling
Coprinus atramentarius (Bull. : Fr.) Fr.

Kennzeichen: Hut 4-8 cm breit und 3-7 cm hoch, zunächst eiförmig geschlossen, dann glockig; Oberfläche radialfurchig, grau bis graubraun; auf dem Scheitel oft fein braunschuppig. Lamellen erst blaßgrau, dann schwarz. Stiel 6-15 cm hoch und bis 1 cm im Durchmesser, weiß bis blaßgrau. Basis mit ringartigem Wulst.

Etwas eigenartige Geschöpfe sind sie ja schon, die Tintlinge. Oder kennen Sie ein Lebewesen, das sich selbst verdaut? Genau das tun nämlich alle Angehörigen dieser ziemlich großen Gattung. Kaum sind die Fruchtkörper entstanden und haben Sporen gebildet, da produzieren sie auch schon große Mengen von pilzverdauenden Enzymen. Und in kurzer Zeit ist vom Fruchtkörper nur noch eine unappetitliche, schwarze Flüssigkeit geblieben.

Lange bevor die Menschen nach der biologischen Bedeutung dieses seltsamen Phänomens fragten, interessierten sie sich für dessen praktische Nutzbarkeit. Und was lag näher, als aus dieser schwarzen Flüssigkeit Schreibtinte zu bereiten. Man legte also die Pilze, speziell den hier vorgestellten Faltentintling, in ein Gefäß und hatte nun lediglich zu warten, bis sie sich verflüssigt hatten. Die von festen Rückständen befreite Soße wurde mit etwas Gummiarabikum eingedickt und mit Phenol konserviert, und schon war sie bereit für den zugespitzten Gänsefederkiel.

Die Tintenproduktion dieser Pilze macht freilich auch durchaus einen biologischen Sinn. Denn die uns Menschen etwas abstoßende schwarze Flüssigkeit wird von bestimmten Insekten verspeist. Den hierin enthaltenen und für die scharze Farbe verantwortlichen Sporen aber können weder die autoagressiven Verdauungstoffe des Pilzes noch die Darmpassa-

Schopftintling

Coprinus comatus (Müll. : Fr.) Pers.

Hut bis 12 cm hoch, zylindrisch, eiförmig bis glockig, mit filzigen, zunächst weißen, dann braunspitzigen Schuppen. Lamellen weiß, dann rosa und zuletzt schwarz, zerfließend. Stiel bis 15 cm hoch, röhrig-hohl, glatt, mit freiem, flüchtigem Ring. Fleisch weiß. Eßbar.

Der Schopftintling wächst vom Frühjahr bis Herbst auf Fettwiesen, an Wegrändern, in Gärten und Rasenflächen; er ist sehr häufig.

ge etwas anhaben. Unverdaut werden sie von den Insekten wieder ausgeschieden.

Wir dürfen wohl davon ausgehen, daß die Tintlingsbesucher Insekten sind, die nährstoffreiche und bereits zersetzte Nahrung, wie es zerfließende Tintlinge ja auch sind, bevorzugen, die also vor allem Kot, Mist oder Aas aufsuchen. Die Pilzsporen werden demnach mit hoher Wahrscheinlichkeit an solchen Orten abgelegt. Und es ist bestimmt kein Zufall, daß auffallend viele Tintlingsarten (der wissenschaftliche Name „Coprinus" deutet es bereits an) auf Kot, Mist oder stark gedüngten Böden wachsen. Für sie alle sind die Insekten sehr zielgerichtete Sporenüberträger - kein Vergleich zum völlig unberechenbaren Wind!

Auch die hier vorgestellte Art reiht sich in diese ökologische Gruppe ein. Sie wächst auf Feldern und Schuttplätzen, an Wegen und in Gärten, manchmal sogar direkt auf Kompost, also durchweg an sehr nährstoffreichen Standorten und steht dort nicht selten auch mit verrottendem Holz in Verbindung. In vielen Pilzbüchern wird sie als Speisepilz empfohlen, solange sie sich nicht zu verflüssigen beginnt. Zurecht weisen diese Bücher aber auf einen Haken beim Verzehr dieser Pilze hin, und dieser Haken wurde nach dem Gattungsnamen des Pilzes „Coprin" genannt: ein Inhaltsstoff, dessen Spaltprodukt die enzymatische Oxidation von Acetaldehyd zu aktivierter Essigsäure (Acetyl-Coenzym A) im menschlichen Körper blockiert.

Das klingt sehr theoretisch, hat aber unmittelbar praktische Auswirkungen, sofern man während oder nach der Mahlzeit Alkohol trinkt. Denn Alkohol wird im Körper zunächst in Acetaldehyd umgewandelt und dieser dann mit dem eben genannten Schritt in die gewöhnlichen Stoffwechselprozesse eingeschleust. Wird die Weiterverarbeitung von Acetaldehyd aber durch Coprin gehemmt, so reichert es sich im Körper an - mit unangenehmen Folgen.

Herzklopfen und schneller Puls, Rot- bis Violettfärbung im Gesicht, am Hals und anderen Körperteilen, während dagegen Nasenspitze und Ohrläppchen blaß bleiben, ein charakteristischer „metallischer" Geschmack im Mund, Hitzegefühl, unstillbarer Durst, Seh- und Sprachstörungen werden als Symptome der Coprinvergiftung beschrieben, die, wie wir nun wissen, eigentlich eine Acetaldehydvergiftung ist.

Da der dafür verantwortliche Stoff erst nach etwa drei Tagen wieder vollständig aus dem menschlichen Organismus verschwunden ist, empfiehlt sich während dieser ganzen Zeit also strikte Alkoholabstinenz. Was übrigens nicht nur für uns Menschen gilt, wie ein Bericht aus der Schweiz beweist:

Anfangs Oktober schnitt der Bauer E.B. in N. in seiner Hofstatt Gras, in dem sich ihm unbekannte Pilze befanden [man identifizierte sie später als Faltentintlinge]. *Das Gras wurde anschließend mitsamt den Pilzen darin den Kühen verfüttert. In der Nacht mußte der Bauer in den Stall, da vier seiner Tiere gebläht waren. Zuerst verabreichte er ihnen ein Blähmittel. Als aber eine Kuh trotzdem stark litt, griff er zu einem „probaten Hausmittel" und flößte dem kranken Tier ungefähr einen halben Liter selbstgebrannten Kirsch ein. Es dauerte nicht lange, wurde die Kuh sehr unruhig, hatte fliegenden Puls, stark beschleunigte Atmung und erhöhte Temperatur. Dies beunruhigte den Bauern nun ernsthaft, und so holte er den Tierarzt K. aus K., der der Kuh eine Beruhigungsspritze gab, die aber nicht großen Erfolg zeigte. Die Kuh mußte notgeschlachtet werden.*

Mag sein, daß nach dem Gesagten nun manch alkoholabstinenter Pilzfreund eine Faltentintlingsmahlzeit ins Auge faßt; dürfte der dabei erzielte Genuß doch schon durch das Bewußtsein, daß derselbe den Bier- und Weinliebhabern versagt bleibt, erheblich gesteigert werden. Leider können wir nicht umhin, auch solchen Lesern etwas den Appetit zu verderben.

Zwar wird der Faltentintling tatsächlich in vielen Pilzbüchern als „ohne Alkohol eßbar" bezeichnet, und tatsächlich scheint bislang kein Vergiftungsfall beim Menschen ohne den Einfluß alkoholischer Getränke dokumentiert zu sein. Aus Tierversuchen mit Ratten sind allerdings durchaus Symptome wie Tränenfluß, Gesichtsschwellung und auch Schädigungen an Hoden und Samenzellen bekannt. Zählen wir den Faltentintling also lieber zu den giftverdächtigen Pilzen.

Nachdem wir eingangs die biologische Bedeutung der „Selbstverdauung" für die Tintlinge dargelegt haben, wird vielleicht mancher nun die Frage nach dem biologischen Sinn des Coprins stellen. Wir müssen es leider unseren Lesern überlassen, hierüber tiefschürfende

Specht-Tintling

Coprinus picaceus (Bull. : Fr.) S.F. Gray

Hut bis 8 cm hoch und bis 6 cm breit, zylindrisch bis eiförmig, dann konisch bis glockig, etwas klebrig, bräunlich, im Alter fast schwarz, dicht bedeckt mit weißen bis graulichen Hüllresten. Lamellen blaß grau, dann schwarz. Stiel bis 15 cm hoch, weiß, fein flockig, ohne Ring.

Der Specht-Tintling wächst in Buchenwäldern und ist auf Kalkböden verbreitet.

Spekulationen anzustellen. Falls Sie keine so recht überzeugende Antwort auf diese Frage finden, erlauben wir uns zwei Anmerkungen. Erstens: Uns ist auch nichts eingefallen. Und zweitens: Die Natur hat während der letzten Jahrmilliarden sicher nicht nur Sinnvolles produziert.

Flaschenstäubling (*Lycoperdon perlatum*)

Vom Schnupftabak des Teufels: der Flaschenstäubling

Lycoperdon perlatum Pers. : Pers.

Kennzeichen: Fruchtkörper birnenförmig, oft langgestreckt, bis 8 cm hoch und bis 5 cm breit; Kopfteil rundlich, abrupt in den Stiel übergehend, am Scheitel mit Porus. Äußere Hülle (Exoperidie) besetzt mit weißen bis blaß grauen, 2-3 mm langen, von kleinen Warzen umgebenen Stacheln. Die Warzen bilden nach dem Abfallen der Stacheln eine Netzzeichnung auf der Inneren Hülle (Endoperidie). Gleba (Fleisch) erst weiß, dann olivbraun.

Den Namen „Stäubling" trägt dieser häufige Pilz wahrlich zurecht. Tritt man bei einem Waldspaziergang auf seine reifen Fruchtkörper, so entwickelt sich augenblicklich eine braune Staubwolke, die alsbald im Luftzug davonzieht. Unversehens hat man damit einen wichtigen Beitrag für die Verbreitung dieser Art geleistet, denn der braune Staub besteht aus nichts anderem als Abertausenden von winzigen Sporen, die nun mit Hilfe des Windes einen neuen Lebensraum zu erreichen suchen. Aber auch wo kein menschlicher oder tierischer Fuß die Staubentwicklung auslöst, ist der Pilz nicht zur Unfruchtbarkeit verdammt: prasselnde Regentropfen leisten den gleichen Dienst.

Die im Inneren reichlich vorhandene braune und bei Berührung durch das Loch am Scheitel austretende Sporenmasse hat der Art auch ihren Spitznamen eingebracht. „Des Teufels Schnupftabakdose", so oder ähnlich wird sie in mancherlei Dialektabwandlungen genannt. Für die Küche eignet sich so eine prall gefüllte Staubbombe freilich nicht. Im jungen Zustand aber, wenn das Fleisch noch durchwegs weiß ist, können die Fruchtkörper zu einer schmackhaften Mahlzeit werden. Einfach der Länge nach in Scheiben schneiden, in verquirltem Ei und Semmelbrösel wenden und in der Pfanne braten!

Zuchtchampignon (*Agaricus bisporus*)

Ein Klassiker aus den Katakomben von Paris

Der Zuchtchampignon
Agaricus bisporus (J.E. Lange) Imbach

Kennzeichen: Hut 5-10 cm breit, konvex, erst weißlich, dann mit fuchsigbraunen Radialfasern durchzogen, Rand wollig-filzig bis flockig behangen. Lamellen erst rosa, dann schwarzbraun. Stiel bis 6 cm hoch, 1-2 cm im Durchmesser, zylindrisch, weißlich mit wattigem Ring. Fleisch im Schnitt blaßrosa anlaufend.

Er ist bestimmt nicht unser beliebtester Speisepilz, denn mit Steinpilz und Pfifferling kann er es in der Gunst der Deutschen bei weitem nicht aufnehmen. Aber er ist dennoch unser meistgegessener Pilz. Schließlich ist er ja das ganze Jahr hindurch in praktisch jedem Lebensmittelgeschäft zu bekommen, ob frisch oder eingelegt, und das zu relativ günstigen Preisen. Und darüberhinaus bereichert er noch eine ganze Reihe von Produkten, mit denen uns die Nahrungsmittelindustrie die Küchenarbeit abnehmen will, sei es nun die Instant-Jägerbratensoße oder die tiefgefrorene Fertigpizza. All dies macht den Zuchtchampignon zum unbestrittenen Marktführer, weit vor all seinen ob ihres Geschmacks so hochgelobten Pilzgeschwistern.

Seinen Grund hat dies in den unterschiedlichen Lebensgewohnheiten der Arten, in ihren ökologischen Ansprüchen also. Denn Steinpilz wie Pfifferling sind Mykorrhizapilze und ausschließlich in engem Kontakt zu Bäumen lebensfähig - wir werden auf diese Symbiose noch in einem eigenen Kapitel zu sprechen kommen. Sämtliche Versuche, diese Pilze verläßlich zu züchten, sind bisher fehlgeschlagen. Denn auch wenn man den aufwendigen, aber offenbar unabdingbaren Weg geht, diese Pilze zusammen mit ihren Bäumen zu kultivieren, so ist der Erfolg keineswegs garantiert. Kennt doch die Wissenschaft bis heute nicht die exakten Bedingungen, die eine Fruchtkörperbildung auslösen.

Der Zuchtchampignon dagegen begnügt sich mit einer etwas weniger faszinierenden Art der Lebensführung: er wächst auf Misthaufen, Kompost, Hausmüll und ähnlichen extrem nährstoffreichen Substraten, offenbar ohne von einer Symbiose mit anderen Organismen abhängig zu sein. Und das macht seine Kultivierung schon wesentlich leichter.

Der Name „Champignon", der übersetzt schlichtweg „Pilz" bedeutet, weist uns bereits darauf hin: das Geburtsland der Champignonzucht ist Frankreich. Im 17. Jahrhundert kam hier der Anbau von Melonen und Ananas in Mode. Man zog die begehrten Früchte auf Mistbeeten, und das könte der Schlüssel zur Entstehung der Pilzzucht gewesen sein. Gut vorstellbar, daß auf dem verbrauchten und kompostierten Mist und möglicherweise auch in den Mistbeeten selbst unser Champignon häufig spontan in großen Mengen fruchtete. Da er ein beliebter Speisepilz war, ging man schließlich dazu über, ihn in eigenen Beeten anzubauen.

Die geeignetsten Methode der „Aussaat" lernten die ersten Züchter sicher sehr schnell durch praktische Erfahrung. Und das, ohne auch nur eine Ahnung davon zu haben, daß der eigentliche Vegetationskörper des Pilzes ein feines Fadengeflecht im Innern des Mistes war und mehr als Hundert Jahre, bevor für dieses Fadengeflecht der Begriff „Mycelium" geprägt wurde. Doch man wußte, daß die Erfolgsaussichten für die Champignonernte sich deutlich verbesserten, wenn man dem Mist etwas Erde von Standorten untermischte, auf denen der Pilz wild wuchs, oder wenn man alten Mist beigab, von dem bereits Pilze geerntet worden waren. Modern könnten wir diese Methode als „Impfung mit myceldurchwachsenem Substrat" nennen.

Zunächst betrieb man den Pilzanbau unter freiem Himmel, wie man es beim Gemüseanbau von jeher gewohnt war. Doch Pilze waren ein seltsames Gemüse: sie benötigten für ihr Wachstum keinerlei Licht, ganz im Gegensatz zu all den anderen Pflanzen. Im allgemeinen Kapitel zu Beginn dieses Buches war in diesem Zusammenhang von der autotrophen Lebensweise der grünen Pflanzen und von der heterotrophen der Pilze die Rede. Auch solche Tatsachen waren den Pilzzüchtern damals natürlich völlig unbekannt. Die praktischen Vorteile, die ihnen daraus erwuchsen, wußten sie jedoch sehr wohl zu nutzen.

Seit „DAS PHANTOM DER OPER" so überaus populär geworden ist, wissen wir es alle: der Untergrund von Paris und Umgebung ist von tief in der Erde liegenden, kilometerlangen Gängen und Höhlungen durchzogen. Einst von den Römern als Kalksteinbrüche angelegt, waren sie seit langem völlig ungenützt. Für die Champignonzucht aber erwiesen sich diese spottbillig anzumietenden Katakomben als geradezu ideal. Versprach doch die gleichbleibende Temperatur und ständig hohe Luftfeuchtigkeit in diesen Räumen konstant hohe Ernteerträge. Und das während des ganzen Jahres, unabhängig von Winterkälte und Sommerdürre in der Welt darüber.

Frankreich behielt seine führende Rolle in der Champignonzucht bis in unser Jahrhundert hinein. Daran hatte sicherlich die Geheimniskrämerei, mit der die dem Laien ohnehin mysteriöse unterirdische Anbaumethode stets umgeben wurde, großen Anteil. In Frankreich gelang denn auch eine weitere entscheidende Neuerung in der Champignonproduktion. Seit 1894 wurde am Pariser Pasteur-Institut eine Pilzbrut zum Animpfen von Champignonbeeten verkauft, die unter sterilen Bedingungen gewachsen und daher frei von den Mycelien und Sporen aller anderen Pilze war. Somit konnte man das Risiko umgehen, dem frischen Mist zusammen mit dem Champignonmycel auch die gefährlichen Schimmelpilze einzuimpfen, die schon so manche Pilzernte völlig zunichte gemacht hatten.

Auch die Methode zur Anzucht der Reinkultur-Pilzbrut wurde strikt geheimgehalten. Ge-

Braunkappe (*Stropharia rugosoannulata* Farlow ex Murrill)

Hut bis 15 cm breit, konvex bis flach gewölbt, Rand behangen, gelb- bis rotbraun. Lamellen grauviolett-lich. Stiel bis 10 cm hoch, fest, mit häutigem, flüchtigem Ring, weiß, ockerlich fleckend. Die Braunkappe kann als Kulturpilz auf Strohsubstrat gezogen werden.

rade in den entscheidenden Einzelheiten blieben die Publikationen ihres Entdeckers mit Absicht verschwommen, und das Pasteur-Institut besaß über ein Jahrzehnt hinweg ein äußerst lukratives Monopol. Dann jedoch wurde die steril gezogene Pilzbrut ein zweites Mal erfunden, diesmal von US-amerikanischen Forschern, die jedes Detail der Vorgehensweise bereitwillig veröffentlichten. Damit war der Startschuß gefallen zur modernen Massenproduktion von Champignons in vielen europäischen Ländern, vor allem aber in den USA.

Heute ist die Champignonzucht ein weitgehend mechanisierter und streng gesteuerter Prozeß, bei dem kaum mehr ein Detail dem Zufall überlassen wird. Ausgedient haben die Höhlen und Keller des vergangenen Jahrhun-

derts, an ihre Stelle sind oberirdische Industriehallen getreten, in denen alle wichtigen Umweltfaktoren von der Temperatur bis hin zum Kohlendioxidgehalt der Luft exakt regulierbar sind. Weitgehend ausgedient hat inzwischen auch der altehrwürdige Pferdemist, obwohl bis in die sechziger Jahre hinein nahezu alle Champignonproduzenten darauf schworen. Doch als der begehrte Rohstoff immer knapper und teurer wurde, war man zum Umdenken gezwungen.

Als Ersatz bedient man sich heute oft eines Gemisches aus Stroh und einem stickstoffreichen Abfallprodukt der Lebensmittelerzeuger, wobei die Palette von Treber der Bierbrauereien über Melasse bis hin zu den getrockneten Abfällen der Geflügelindustrie reicht. Wasser-, Stickstoff-, Kohlenstoff- und Mineralgehalt werden einreguliert, und dann kann die Kompostierung beginnen. Denn ob Pferdemist oder modernes Abfallgemisch, in jedem Fall ist eine ein- bis über zweiwöchige mikrobielle „Vorverdauung" des Substrats für das Champignonwachstum sehr förderlich. Ein Haupteffekt dieser Behandlung dürfte neben der Umwandlung der Nährstoffe in die vom Champignonmycel benötigte Form auch sein, daß schädliche Organismen durch die beim Kompostieren erzeugte Hitze abgetötet werden.

Nach dem Abkühlen kann dann die „Aussaat" beginnen: die in speziellen Laboratorien gezogenen Reinkultur-Pilzbruten werden dem Kompost untermischt. Etwa zwei Wochen benötigt das Mycel nun, um sein Substrat völlig zu durchwachsen. Es ist dies eine der kritischsten Phasen der Kultur, während der auf möglichst weitgehende Sterilität geachtet werden sollte. Denn solange das Champignonmycel nicht völlig etabliert ist, haben Schimmelpilze und andere Schädlinge wie Insekten, Bakterien oder Viren leichtes Spiel. Im übrigen scheint während dieser Zeit ein hoher Kohlendioxidgehalt und Temperaturen um die 24 °C für das Mycelwachstum recht förderlich zu sein.

Schließlich gilt es, den Pilz zur Fruchtkörperbildung zu veranlassen. Während man mit den dafür benötigten spezifischen Bedingungen bei den meisten Pilzarten noch im Dunkeln tappt, haben Champignonzüchter hier ihre eigenen und vielfach erprobten Rezepte. Lange schon wußten sie, daß der myceldurchwachsene Mist unbedingt mit einer dünnen Lage Erde überschichtet werden muß. Und im wesentlichen hat sich daran bis heute nichts geändert, auch wenn man statt Erde heute meist Torf mit untermischter Kreide verwendet.

Hat das Pilzgeflecht die aufgebrachte Deckschicht nahezu durchwuchert, ändert der Züchter die Umweltbedingungen: Kohlendioxidkonzentration und Temperatur werden gesenkt, eine leichte Beregnung beginnt. Wenn bisher alles gut gegangen ist, so lassen sich die Pilze dadurch recht zuverlässig zum Sprießen, will heißen: zur Fruchtkörperbildung bringen. Und der Produzent hat sogar gute Mittel zur Hand, die Pilze in seinen Geschäftsfahrplan einzuzwingen. Verzögert er die genannten Maßnahmen, so verzögert sich auch die Fruchtkörperentstehung.

Überspringen wir die vielen Schritte, die angefangen von der Ernte noch nötig sind, bis die Pilze schließlich in unsere Küche gelangen. Für die Endverarbeitung aber hätten wir bespielsweise folgenden Vorschlag:

Gemüsepfanne auf asiatische Art

200 g Champignons feinblättrig aufschneiden, 200 g Möhren und 200 g Zucchini in feine Stifte, 200 g grüne Paprikaschoten in schmale Streifen und 200 g Zwiebeln in dünne Scheiben schneiden.

3 Eßlöffel Sesamöl in einem Wok oder in einer hohen Pfanne erhitzen und oben genannte Zutaten unter ständigem Rühren braten, bis sie gar sind, aber noch Biß haben; dies dauert nur wenige Minuten. Mit Sojasauce, Sesamsamen, Salz und Pfeffer würzen und mit Reiswein oder Weißwein ablöschen. Nach Geschmack mit Honig und Zitronensaft süß-sauer abschmecken.

Diese Gemüsepfanne ist eine pikante Beilage zu Fisch oder Geflügel.

Vielfach werden in unseren Läden neben den schneeweißen Champignons auch sogenannte Egerlinge mit brauner Hutoberfläche angeboten, deren höherer Preis meist ein Mehr an Geschmack suggeriert. Mykologisch betrachtet sind beide Pilze lediglich zwei verschiedene Varietäten ein und derselben Art *Agaricus bisporus*, auch die Zuchtmethoden sind weitgehend identisch. Und der Geschmack? Nun, diese Frage müssen wir unseren Lesern überlassen ...

Largent´s Koralle (*Ramaria largentii*)

Korallen - nicht nur in tropischen Meeren eine Augenweide

Ramaria largentii Marr & Stuntz

Kennzeichen: Fruchtkörper korallenförmig, bis 18 cm breit und bis 12 cm hoch, mit kräftigem, bis 5 cm dickem Strunk, aus dem mehrere, bis 1 cm dicke, kurze Äste entspringen, die sich gegen die Spitze wiederholt verzweigen; Enden mit 1 bis 2 Spitzen. Strunk knollenartig mit weißer Basis, Äste gelb-orange, Spitzen gleichfarbig bis etwas intensiver gefärbt, auf Druck nicht verfärbend. Fleisch weiß, faserig, fest. Geschmack mild.

Bei dem Wort Korallen denkt man wohl zunächst eher an traumhafte Unterwasserwelten, an Riffe, aufgebaut aus dem bizarr verzweigten und leuchtend gefärbten Kalkskelett fremdartiger Tierchen. Daß man den aus dieser Zauberwelt stammenden Namen auch auf eine Gruppe von Pilzen übertragen hat, kommt sicher nicht von ungefähr. Denn auch diese Pilze sind seltsam verzweigte ästhetische Gebilde, und auch sie faszinieren nicht selten durch herrlich kräftige Farben. Bizarre Pracht für jedermann, Tauchschein nicht erforderlich!

Den Pilzforschern dagegen machen diese Schönheiten manches Kopfzerbrechen. Die Unterscheidung der einzelnen Arten kann nämlich selbst Experten vor erhebliche Probleme stellen. Und aus demselben Grund hält sich auch des Speisepilzsammlers Freude an dieser Pilzgruppe meist in Grenzen. Zwar gibt es auch unter den Korallen durchaus eßbare Arten und angeblich sogar hervorragende Leckerbissen, aber eben leider auch nicht wenige giftige, die kräftiges Magengrimmen verursachen können. Und wer kann schon mit Sicherheit behaupten, daß er keine „Bauchwehkoralle", sondern eine ihrer harmlosen Schwestern erwischt hat? So verzichtet man eben schweren Herzens - dabei wären sie so schön und ergiebig ...

Braunfäule und Weißfäule:
die alte und die moderne Art des Holzabbaus

Die ersten Pflanzen, die vor etwa 410 Millionen Jahren langsam den Schritt aus dem Wasser in feuchte Sümpfe und schließlich ans trockene Land wagten, konnten einen riesigen neuen Lebensraum ganz allein ihr Eigen nennen. Hatte man nur erst ein Mittel gegen den ständig drohenden Tod durch Vertrocknen gefunden, so stand einem eine Welt offen, die man zunächst mit niemandem zu teilen brauchte.

Neue Lebensbedingungen waren von jeher eine Herausforderung für die Evolution, und so entstanden nach und nach immer mehr landlebende Pflanzenarten, die einander die besten Plätze, mit gesicherter Wasserversorgung und viel Licht, streitig machten - Konkurrenzdruck war entstanden. Und wollte man überleben, so mußte man sich gegen die Konkurrenz durchsetzen. Zum Beispiel, indem man höher wuchs als die anderen, dadurch in den vollen Genuß des Lichtes kam und die Kunkurrenz wortwörtlich in den Schatten stellte. Das hatte freilich auch Nachteile. Nur allzu leicht wurde man so vom Wind geknickt, und alles war umsonst.

Doch die Evolution fand auch für dieses Problem schließlich eine Lösung, und diese Lösung hieß: Holz, oder genauer gesagt: Lignin - der Holzstoff.

Für sich allein genommen war Lignin eigentlich zu nichts nütze, ein braunes Pulver ohne jede mechanische Stabilität. Kombinierte man dieses Lignin jedoch mit den Polysacchariden, aus denen diese Pflanzen bereits seit Hunderten von Millionen Jahren ihre Zellwände aufbauten - Zellulose vor allem -, so wirkte es wahre Wunder: Diese Kombination, wir nennen sie „Holz", bewies eine enorme Druck- und Zugfestigkeit und erlaubte den Pflanzen, zu -zig Meter hohen Riesen heranzuwachsen. Vor etwa 360 Millionen Jahren mag es gewesen sein, als die ersten mächtigen Bäume die Sumpfgebiete besiedelten.

Aber kehren wir zu den Pilzen zurück und wühlen auch da etwas in der Geschichte. Seit wann es Pilze gibt, weiß niemand so recht, zu spärlich sind uns die fossilen Überreste dieser geheimnisvollen Wesen überliefert. Sicher ist aber, daß es auch zu der Zeit, als sich alles Leben noch im Wasser abspielte, bereits Pilze gab, die sich von den Wasserpflanzen und -tieren ernährten. Den Schritt der Pflanzen ans Festland haben die Pilze dann offenbar bald nachvollzogen. Der schottische Fund einer verkieselten Urlandpflanze mit Pilzbefall dürfte, erdgeschichtlich gesehen, nur wenig jünger sein als die ersten Landpflanzenfossilien überhaupt.

Wie ihre wasserlebenden Vorfahren konnten diese ersten Landpilze sicherlich Zellulose abbauen, war es doch die Hauptnahrung, die ihre Wirtspflanzen ihnen zu bieten hatten. Vor der neuen Erfindung des Lignins freilich mußten die meisten von ihnen zunächst einmal kapitulieren: Diese komplizierten Riesenmoleküle mit ihrer Vielzahl aromatischer Ringsysteme waren nicht so einfach zu knacken. Und so begnügten sich diese Pilze damit, die Zellulosen und sonstigen Polysaccharide der Holzpflanzen aufzulösen. Zurück blieb als unverdaulicher Rest das Lignin.

Es gibt bis heute eine ganze Reihe von Pilzen, die in Sachen Ligninabbau nichts dazugelernt haben. Von dem von ihnen zersetzten Holz bleibt am Ende nahezu ausschließlich das Lignin, eine braune, mürbe und brüchige Masse. „Braunfäule" nennt man diesen Typ der Holzverrottung. Bei Wasserverlust schrumpft die Ligninmasse deutlich, sie bekommt Längs- und Querrisse und zerfällt dadurch in typisch würfelförmige Einzelstücke, weshalb sich auch der Name „Würfelbruchfäule" eingebürgert hat.

Braunfäule

Ein Baumstumpf wird von einem Braun-
fäulepilz zersetzt. Da Braunfäulepilze
nicht in der Lage sind, den Holzstoff
Lignin abzubauen, nimmt das verfaulende Holz nach und nach immer stärker
dessen braune Farbe an.

Braunfäule

Braunfäule an einem Fichtenstamm-
stück, das in einem Hausgarten als Säule
für eine Blumenschale dient. Die braune
Färbung ist an diesem stark sonnenbe-
schienenen Standort zwar weitgehend
gebleicht, doch weist der würfel- bis
quaderförmige Zerfall des Holzes eindeutig darauf hin, daß der darin lebende
Pilz nur den Faserstoff Zellulose zerstört, während das leicht zerbröckelnde
Lignin zurückbleibt.

Weißfäule

Weißfäulepilze bauen sowohl die Zellulose als auch das Lignin des Holzes ab,
so daß es weder zu einer Braunverfär-
bung noch zum Zerfall in einzelne, weitgehend aus Lignin bestehende Würfel
kommt. An diesem weißfaulen Hain-
buchenstumpf vollbringen mehrere Pilz-
mycel-Individuen gleichzeitig ihr Zer-
störungswerk; die Grenze zwischen
ihren jeweiligen „Revieren" haben sie
durch dunkle Linien im Holz abgesteckt.

Anderen Pilzen aber gelang es, Enzyme zur Spaltung von Lignin herzustellen. Die „Weißfäule" war erfunden, so genannt, weil von den zum Ligninabbau befähigten Pilzen zu Beginn oft bevorzugt das braune Lignin angegriffen wird und sich das Holz dadurch deutlich aufhellt. Seine durch Zellulose bedingte faserige Struktur bleibt dagegen lange erhalten, auch schrumpft es kaum und zeigt daher wenig Risse. Weißfaules Holz bleibt außerdem viel länger feucht als braunfaules - eine Folge der von den Zellulosefasern ausgehenden Kapillarkräfte.

Seit wann es Weißfäulepilze gibt, läßt sich kaum datieren. Tatsache aber ist, daß die heutigen Braunfäulepilze überwiegend an den stammesgeschichtlich älteren Nadelbäumen wachsen, während unsere Laubbäume als jüngere Entwicklung der Evolution meist Weißfäule zeigen. Doch kann dies nur als grobe Regel gelten, die eine Reihe von Ausnahmen kennt. Und vielleicht ist die Tatsache, daß die Braunfäulepilze bis heute eine wichtige Rolle im Naturhaushalt spielen, ja auch ein kleiner Trost für alle etwas „altmodischen" Leser, die nicht jede Neuerung gleich mitmachen: So revolutionär die Erfindung des Ligninabbaus auch erscheinen mag, die ach so modernen Weißfäulepilze haben es keineswegs geschafft, die altmodische Braunfäule völlig zu verdrängen!

Doch ob nun Braun- oder Weißfäule: Pilze sind die wichtigsten Holzabbauer der Natur, oft erschließen erst sie das Holz der Nutzung durch andere Lebewesen, sei es nun als Nahrungsquelle für Insekten oder Brutplatz für Spechte. Und mag mancher auch den Kopf schütteln: den Naturfreund stimmt es traurig, daß gerade die größten und beeindruckendsten Arten holzabbauender Pilze selten geworden sind in unseren größtenteils zu reinen Wirtschaftsforsten umgewandelten Wäldern. Bilden doch diese Arten ihre Fruchtkörper meist nur an entsprechend starkem Holz aus, und das beansprucht nun einmal die Forstwirtschaft für sich. Doch der Gedanke beginnt

Beringter Schleimrübling

Oudemansiella mucida (Schrad. : Fr.) v. Höhnel

Hut bis 8 cm breit, glockig bis halbkugelig, schleimig, gerieft, fast durchsichtig, weißlich-grau bis weiß. Lamellen weiß. Stiel bis 8 cm hoch, zäh, weiß, unterhalb des Rings graulich. Ring häutig mit fein geriefter Oberseite. Fleisch weiß.

Der Beringte Schleimrübling wächst meist büschelig vom Sommer bis Herbst auf toten Buchenstämmen, oft hoch über dem Erdboden.

Fuß zu fassen, daß der Mensch nicht das alleinige Anrecht auf die Schätze der Natur hat, auch bei den verantwortlichen Behörden. Die Ausweisung von Nationalparks und Naturwaldreservaten mit ihrem oft schon bald großen Reichtum holzabbauender Pilze ist ein ermutigendes Zeichen.

Fleischroter Gallertbecher

Ascocoryne sarcoides (Jacq. : Fr.) Groves & Wilson

Fruchtkörper bis 15 mm breit, kreisel- bis becherförmig, dicht knäuelig gedrängt; Fruchtschicht glatt, fleischrosa bis violett-rosa; Außenseite gleichfarbig und glatt. Fleisch gallertig-gelatinös.

Der Fleischrosa Gallertbecher wächst auf Stümpfen und auf faulenden, am Boden liegenden Stämmen und Ästen verschiedener Hölzer, vorwiegend auf Buche, und ist häufig.

Großer Zystidenrindenpilz

Phlebiopsis gigantea (Fr.) Jülich

Fruchtkörper krustenförmig (resupinat), auf dem Substrat große, bis 0,5 mm dikke Überzüge bildend, glatt bis warzig-höckerig, grau-weißlich, etwas opalisierend, wachsartig, weich.

Die Art kommt auf totem Nadelholz (Kiefer, Zirbe, Fichte) vor und besiedelt fast ausschließlich Strünke und liegende Stämme. Es existiert eine Vielzahl ähnlich aussehender Pilze, die nur mit Hilfe des Mikroskops zu differenzieren sind.

Gelbhütiger Dachpilz

Pluteus chrysophaeus (Schaeff.) Quél.

Hut bis 5 cm breit, runzelig, gegen das Zentrum aderig, Rand im feuchten Zustand gerieft, jung gelblich bis zitronengelb, dann zimt- bis dattelbraun. Lamellen weiß bis gelblich. Stiel bis 5 cm hoch, zylindrisch, weiß bis gelblich, Basis auch zitronengelb.

Der Gelbhütige Dachpilz fruktifiziert auf Laubholz, vor allem auf Buchenstümpfen, und ist selten. Fast alle Vertreter der Dachpilze wachsen auf Holz.

Zunderschwamm (*Fomes fomentarius*)

Der Zunderschwamm - begehrte Handelsware früherer Jahrhunderte

Fomes fomentarius (L. : Fr.) Fr.

Kennzeichen: Fruchtkörper breit am Substrat angewachsen, 15-25 cm breit und ebenso hoch, bis 20 cm vom Substrat abstehend; Oberseite konzentrisch wellig gezont, mit harter, kahler Kruste, jung ocker- bis rotbraun, später hell- bis dunkelgrau. Unterseite porig, jung cremefarben, dann ockerfarben bis bräunlich. Poren rundlich, bei mehrjährigen Fruchtkörpern mit geschichteten, braunen Röhrenlagen. Trama korkig, zähfaserig, hellbraun, konzentrisch gezont. An der Anwachsstelle des Initialfruchtkörpers befindet sich der weiche, weißlich marmorierte Mycelialkern. Fäuletyp: Weißfäule.

Äußerlich betrachtet sind es ja nur winzige Holzstäbchen mit einem kleinen Köpfchen, überall billigst zu kaufen und der Bedienung im Gasthaus oft nicht einmal der Mühe wert, sie eigens auf die Rechnung zu setzen. Dennoch: es war schon eine großartige Erfindung, die den Chemikern da im vorigen Jahrhundert in mehreren Schritten vom Schwefelhölzchen über das Phosphorzündholz bis zum heute noch gebräuchlichen Sicherheitszündholz gelang. Und wie wohl alle großen Erfindungen verurteilte auch das Zündholz manch altes Gewerbe zum Aussterben. Beispielsweise den Schwammschnitt, wie in manchen Gegenden eine spezielle Form der Pilzernte genannt wurde: das Sammeln von Zunderschwämmen.

Vor der Erfindung der Zündhölzer war das Feuermachen eine wesentlich mühsamere Angelegenheit als heute. Es galt, mit den aus Stahl und Stein gewonnenen und gleich wieder verglimmenden Funken eine Glut zu entfachen. Man benötigte also ein Material, das sich überaus leicht entzünden ließ, am besten den echten Zunder. Und den Rohstoff zu dessen Herstellung lieferte ein Pilz, der davon auch seinen Namen bekam: der Zunderschwamm. Machen wir uns also zunächst ein wenig vertraut mit diesem Pilz und seiner Lebensführung, bevor wir auf seine in früheren Jahrhunderten so wichtige Bedeutung im Alltag des Menschen näher eingehen.

Der Zunderschwamm ernährt sich von Holz, und zwar praktisch ausschließlich von Laubholz. Häufigstes Substrat ist in Mitteleuropa sicher die Buche, doch auch eine ganze Reihe anderer Laubbäume werden befallen, darunter nicht selten Birken. Hier unterliegt er freilich oft einem sehr aggressiven Konkurrenten, dem Birkenporling (siehe dort). Im Gegensatz zu diesem ganz auf Birken spezialisierten Braunfäuleerreger bewirkt der Zunderschwamm übrigens eine deutliche Weißfäule, was der toten Birke aber wohl gleichgültig sein dürfte ...

Vermutlich befällt der Zunderschwamm seine Wirtsbäume bereits, solange sie noch leben. Voraussetzung aber ist eine deutliche Vorschädigung des Opfers, einer gesunden Buche oder Birke kann der Pilz nichts anhaben. Die Fruchtkörper erscheinen dann in der Regel erst am toten Baum. Es sind mehrjährige Gebilde, die den Winter zu überdauern imstande sind und dann im darauffolgenden Jahr weiterwachsen. Im Laufe einiger Jahre kann es der Zunderschwamm so zu einer beachtlichen Größe bringen.

Wenn eine Baumleiche schließlich zu Boden stürzt, so ist das für die ansitzenden Zunderschwammfruchtkörper ein dramatischer Einschnitt. Wie alle Porlinge legt der Zunderschwamm seine Poren auf der Unterseite exakt lotrecht an, denn nur so können die darin gebildeten Sporen auch herausfallen und dem Wind zur Weiterverbreitung übergeben werden. Mit dem Sturz des Wirtsbaumes stehen die Poren nun plötzlich waagrecht, die Sporenverbreitung, neben der Produktion der Sporen die Hauptaufgabe des Fruchtkörpers, ist blockiert, der Fruchtkörper unnütz geworden. Der Pilz reagiert prompt: die Porenmündungen werden mit einem Hyphengeflecht

überwachsen, an dem sich ein neuer, nun an der neuen Lage orientierter Hut bildet. Das Resultat ist ein auffälliger Doppelfruchtkörper, bei dem einem älteren, nunmehr falsch orientierten Teil nahezu im 90°-Winkel ein jüngerer und wieder exakt lotrecht ausgerichteter ansitzt.

Welchen Teil des Zunderschwamms man für die Zunderherstellung verwenden konnte, läßt sich am besten an einem senkrechten Schnitt durch den Fruchtkörper zeigen. Unter der derben Kruste heben sich deutlich drei verschiedene Bereiche voneinander ab, wovon die Porenschicht bei älteren Exemplaren in aller Regel den größten Raum für sich beanspruchen dürfte. Daneben fällt eine ausgebuchtete, marmoriert erscheinende Zone am inneren Rand im oberen Teil des Pilzes ins Auge. Mit diesem sogenannten „Mycelialkern" begann einst das Wachstum unseres Fruchtkörpers. Die übrige, den Mycelialkern umgebende und auch die gesamte Porenschicht in dünner Lage umhüllende Masse schließlich wird als die „Trama" bezeichnet. Sie allein war es, die unseren Vorfahren als Ausgangsprodukt der Zunderbereitung diente.

Für den Zunderhersteller galt es also zunächst, Kruste, Porenschicht und Mycelialkern zu entfernen. Die verbleibende Trama wurde längere Zeit eingeweicht, wieder etwas getrocknet und dann in halbfeuchtem Zustand weichgeklopft, gezogen und gewalzt, bis sich lederartige Lappen ausgebildet hatten. Wesentlich besseren Zunder erhielt man freilich, wenn man ihn zusätzlich mit Oxidationsmitteln behandelte. Üblich waren das Beizen oder Kochen in Salpeter-, Pottasche- oder Kaliumchloratlösung. Zunderflecke fanden überdies als „Wundschwamm", also als blutungsstillende Wundauflage Verwendung, und aus den Zunderabfällen wurde das sogenannte Schwammpapier geschöpft, das auch einen guten Docht für Petroleumlampen lieferte.

Es scheint, als habe besonders die zunehmende Beliebtheit des Tabakrauchens der Zunder-

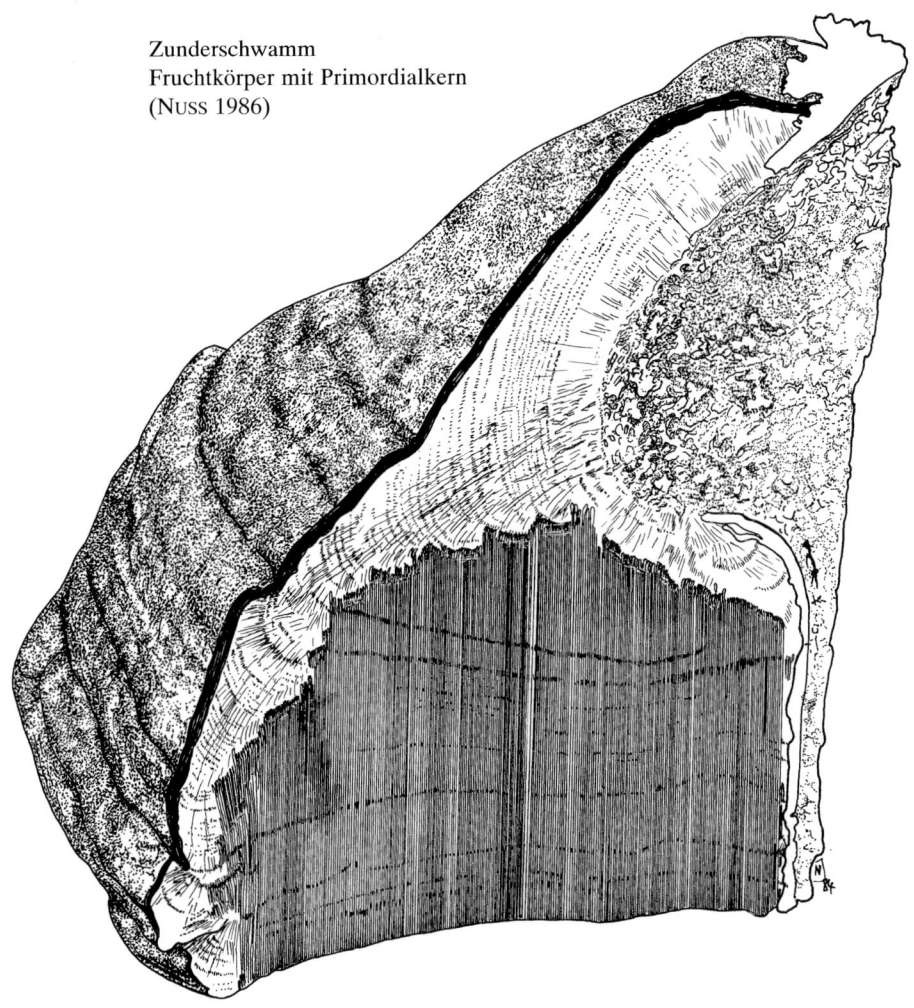

Zunderschwamm
Fruchtkörper mit Primordialkern
(NUSS 1986)

herstellung deutlichen Auftrieb verliehen. Ein schwunghafter Handel mit Rohzunder entwickelte sich, Deutschland importierte Ware aus Böhmen und den ehemals zu Ungarn gehörenden Buchenwäldern des Karpatenbogens. Aber auch aus Skandinavien, wo der Zunderschwamm vornehmlich an Birke wächst, wurden erhebliche Mengen des Pilzmaterials eingeführt.

Natürlich wurden auch im Inland Zunderschwämme geerntet, so etwa im Bayerischen Wald, wo der „Tobaco-Schwammschnitt" in manch alter Urkunde auftaucht. Pachtverordnungen, wonach die Sammler Gebühren an die Waldbesitzer zu zahlen hatten, geben Zeugnis von der wirtschaftlichen Bedeutung dieses Gewerbes. Auch Schwammschnitt-Verbote wurden erlassen, wenn sich eine allzu

Rotrandiger Baumschwamm

Fomitopsis pinicola (Fr.) Karst.

Fruchtkörper konsolen- bis hutförmig, bis 30 cm breit, bis 15 cm vom Substrat abstehend; Oberfläche glatt, krustig, hart, mit konzentrisch angeordneten, breiten Zuwachszonen, alt grau bis schwärzlich, neue Zuwachszonen orangerot bis gelbrosa. Unterseite porig, cremefarben, alt bräunlich. Geruch säuerlich. Fäuletyp: Braunfäule.

Dieser Baumschwamm wächst auf totem Holz von Nadel- und Laubbäumen.

rigorose Erntepraxis einbürgerte wie das Besteigen der Stämme mit Steigeisen oder gar das Fällen besonders ergiebiger Bäume.

Die zweite Hälfte des 19. Jahrhunderts brachte dann den unabwendbaren Niedergang der Zundernutzung, die kleinen Hölzchen, die nun allgemein in Gebrauch kamen, zerstörten eine wichtige Einnahmequelle so manch armen Waldbewohners. Gerade für die arme Bevölkerung des Bayerischen Waldes war der Zunderschwamm in früheren Zeiten aber nicht nur Handelsware, sondern auch Textilersatz für den Eigenbedarf. Die größeren der geklopften und gewalzten, lederartigen Zunderflecke verwendete man gerne zur Herstellung von Mützen und Hüten („Zunderhütl"), aber auch Westen, Handschuhe und sogar Hosen wurden daraus gefertigt. Preßte man die feuchten Zunderflecke in Modeln, so ließen sich sogar Muster und Figuren prägen. Solcherart verzierte Hüte waren dann allerdings nur bei Schönwetter zu tragen, da das Ornament bei Regen zu stark verquoll.

Die sogenannte „Zundelmacherei" des Bayerisch-Böhmischen Waldes beschränkte sich übrigens offenbar nicht völlig auf Kleidungsstücke, auch andere Dinge wie Taschen, Bucheinbände oder Bilderrahmen gehörten zur Produktpalette. Zunder mußte überdies als Fensterleder und während des Ersten Weltkrieges sogar als Korkersatz herhalten. Die letzten in Deutschland allgemein vermarkteten Zunderartikel dürften Wischflecke gewesen sein, die als Radierstücke beim Kohlezeichnen verwendet und noch in den fünfziger Jahren verkauft wurden.

Wollte man die Zundelmacherei in unseren Tagen wiederbeleben, man hätte wohl Schwierigkeiten mit der Rohstoffbeschaffung. Heute geben nur noch Nationalparks und Naturwaldreservate einen Eindruck davon, wie häufig der Zunderschwamm in den wenig erschlossenen Waldgebieten unserer Mittelgebirge früher gewesen sein muß. Den Rückgang hat allerdings nicht die Zundernutzung, sondern zweifelsohne eine deutlich intensivierte Holzwirtschaft zu verantworten. Auch die abgelegensten Wälder sind hierzulande inzwischen auf breiten Forststraßen erreichbar, und jeder Baumstamm bringt bares Geld. Mit dem aber, was die Forstwirtschaft als unrentabel zurückläßt, will sich unser Pilz nicht begnügen: Stümpfe und schwache Äste und Zweige meidet er, in aller Regel findet man ihn nur an den Stämmen seiner Wirtsbäume.

Und so ist der Zunderschwamm, der einst in den germanischen Buchenurwäldern der Frühzeit sicherlich der auffälligste und häufigste Großpilz überhaupt war, in unseren Wirtschaftswäldern zur Ausnahmeerscheinung geworden. Aber wir haben heute ja Zündhölzer, Baumwolle und sterile Wundkompressen - will uns tatsächlich wer weismachen, wir bräuchten da noch diesen Pilz?

Vom Apothekerschwamm

Der Lärchenschwamm
Laricifomes officinalis (Vill. : Fr.) Kotl. & Pouzar
Syn.: *Fomitopsis officinalis* (Vill. : Fr.) Bondartsev
      & Singer

Kennzeichen: Fruchtkörper bis 13 cm breit, bis 20 cm hoch und bis 10 cm vom Substrat abstehend, länglich-konsolenförmig, alt auch zylindrisch. Oberseite bei jungen Fruchtkörpern creme-weiß und ohne Kruste, alt grau bis grauschwarz, stark rissig, oft mit Flechten bewachsen; Rand stumpf, wulstig, creme-weißlich bis bräunlich. Unterseite mit cremefarbener bis gelb-orange-brauner Porenschicht. Poren rundlich-eckig, Röhren undeutlich geschichtet. Trama brüchig, weich, kreidig, weiß. Geruch mehlartig, Geschmack stark bitter. Fäuletyp: Braunfäule.

Glaubt man den Schriftstellern des Altertums, so ist der Lärchenschwamm ein Allheilmittel. DIOSKURIDES etwa empfiehlt ihn bei den verschiedensten Erkrankungen, sei es die Schwindsucht, ein Knochenbruch, Ruhr, Menstruationsbeschwerden, Gelbsucht, Probleme beim Harnlassen, Gelenkschmerzen, Hysterie, ein Schlangenbiß oder anderes mehr. Über Jahrhunderte, ja Jahrtausende hinweg war er in der Medizin der berühmteste und begehrteste Pilz überhaupt und wurde als „Apothekerschwamm" entsprechend teuer gehandelt. Und bei keinem Pilz reichen die historischen Quellen so weit in die Vergangenheit zurück wie gerade hier.

Lärchenschwamm (*Laricifomes officinalis*)

„Agarikon", so nannten ihn die Griechen, „Agaricum" die Römer. Und auch wenn die mykologische Wissenschaft unter *Agaricus* heute die Gattung der Champignons versteht: nur der Lärchenschwamm kann uns die Bedeutung dieser Bezeichnung erschließen. Unser Gewährsmann Dioskurides berichtet uns nämlich, daß die Droge aus dem Lande Agaria bezogen werde, woher sich der Name denn auch aller Wahrscheinlichkeit nach ableitet. Eine ähnliche Herkunftsangabe liefert PLINIUS: „Agarikon wächst als Pilz auf Bäumen am Bosporus" berichtet er uns. Tatsächlich gehörte das an der West- und Nordwestküste des Asowschen Meers gelegene Agaria zum Bosporanischen Königreich

mit seiner Hauptstadt Pantikapaion, heute Kertsch, von wo aus die Droge verschifft wurde. Mit Bosporus dürfte Plinius demnach den Kimmerischen Bosporus gemeint haben, also die Straße von Kertsch, die Schwarzes und Asowsches Meer miteinander verbindet.

Der Pilz kam allerdings nicht nur im alten Agaria vor, das heute zur Ukraine gehört, er ist beispielsweise auch in Sibirien und Nordamerika beheimatet, wo er an verschiedenen Nadelbäumen wachsen kann. Im deutschsprachigen Raum findet man ihn ausschließlich in den Hochlagen der Alpen und auch nur an alten Lärchen, wie es der deutsche Name schon andeutet. Unter den vielen parasitischen

53

Lärchenschwamm (*Laricifomes officinalis*)

holzbewohnenden Pilzen, die ihre Wirtsbäume unweigerlich dem Tod weihen, gehört der Lärchenschwamm sicher zu den gemächlichsten: die Braunfäule, die er verursacht, schreitet sehr langsam voran und läßt die Lärche noch jahrzehntelang am Leben. Eine entsprechend lange Lebensspanne ist natürlich auch dem Pilzmycel beschieden, und sogar die Fruchtkörper des Lärchenschwamms können ein für Fruchtkörper wahrhaft biblisches Alter erreichen: über 50 Jahre sollen die größten Exemplare alt sein!

In den Alpen wird man solch altehrwürdige Lärchenschwämme wohl nicht entdecken, ja es gehört schon großes Glück dazu, diese Art

hier überhaupt je zu Gesicht zu bekommen. Denn bis in unser Jahrhundert wurde der Pilz als Heilmittel geschätzt und von Apotheken teuer angekauft. Verständlich, daß kundige Bergbewohner ihr Wissen um befallene Lärchen als Geheimnis hüteten und die sich jeweils wieder neu bildenden Fruchtkörper alle paar Jahre abnahmen, um sich ein Zubrot für ihr karges Leben zu verdienen. Die jahrhundertelange intensive Besammlung aber hat den Pilz zur Rarität werden lassen. Gefährdungskategorie 1: vom Aussterben bedroht - so stuft die aktuelle Rote Liste für Deutschland die Art ein.

Natürlich war die medizinische Wertschätzung des Lärchenschwamms nicht völlig aus der Luft gegriffen. Seine Fruchtkörper sind geradezu vollgestopft mit einer außerordentlich bitter schmeckenden, abführend wirkenden Substanz, der Agaricinsäure. Bis über 50% der Trockenmasse des Pilzes kann aus dem von den Hyphen ausgeschiedenen weißen Pulver bestehen, ein Anreicherungsgrad, wie ihn die Natur nur äußerst selten für einen offizinellen Wirkstoff zu bieten hat.

$$HO_2C-CH_2-\overset{\displaystyle OH}{\underset{\displaystyle CO_2H}{\overset{|}{\underset{|}{C}}}}-CH-(CH_2)_{15}-CH_3$$

Agaricinsäure

Dennoch ist das Agaricum heute weitestgehend aus den Apotheken verschwunden, und auch der bekannte Schwedenbitter, zu dessen wichtigsten Bestandteilen der Lärchenporling einst zählte, muß seine Allheilkraft längst ohne den Apothekerschwamm entfalten. Zu selten und teuer ist der Pilz in diesem Jahrhundert geworden, so daß es höchste Zeit wurde für ein Naturheilverfahren ganz anderer Art: Heilung für die Natur durch einen Verzicht des Menschen - der Lärchenschwamm wird es hoffentlich mit einer Erholung seiner Bestände danken!

Leberreischling, Ochsenzunge (*Fistulina hepatica*)

Beefsteak mit Makkaroni an Eichenstamm

Der Leberreischling
Fistulina hepatica (Schaeff. : Fr.) Fr.

Kennzeichen: Fruchtkörper zungen- bis konsolenförmig, stiellos oder mit kurzem, seitlichem Stiel am Substrat angewachsen, 8-20 cm breit und ebenso lang, 2-4 cm dick; Oberseite gewölbt-kissenförmig bis abgeflacht, fein warzig, klebrig, jung lachs- bis orangerot, später weinrot bis rostbraun. Unterseite porig, weißlich bis gelblich, bei Berührung und im Alter rotbraun. Poren rundlich, Röhren nicht miteinander verwachsen, sondern voneinander trennbar. Trama saftig, weich. Geruch angenehm, Geschmack säuerlich. Fäuletyp: Weißfäule, die jedoch mit einer dunkelbraunen Verfärbung einhergeht.

Die Ähnlichkeit dieses seltsamen Pilzes mit einem Stück rohen Tierfleisches ist wirklich frappierend: Allein schon die rote Färbung, die weiche Konsistenz und die etwas glitschrige Oberfläche erinnern unweigerlich an den Metzgerladen um die Ecke. Durchschneidet man den Fruchtkörper, so wird man eine faserige Struktur feststellen, weiße Adern durchziehen das rote Fleisch wie Fettstreifen, und zu allem Überfluß tritt auch noch Blut aus: der stark wasserhaltige Fruchtkörper entläßt einen roten Saft.

Natürlich leugnen die dem Pilz zugedachten Namen diesen Gedankenbezug keineswegs. „Leberpilz" oder „Leberreischling" wird er genannt, häufig und eigentlich noch treffender auch „Ochsenzunge", was neben der Fleischassoziation auch den Bezug auf seine oft zungenartige Form beinhaltet. Bisweilen begegnet man sogar dem aus dem Englischen übernommenen Namen „Beefsteakpilz".

Was aussieht wie ein schönes Stück Fleisch, sollte natürlich auch so schmecken. Doch Berichte, wonach der Leberreischling ein ausgezeichneter Speisepilz ist und am besten als Ganzes in der Pfanne gebraten wird, sind

Leberreischling, Ochsenzunge

Fistulina hepatica

Blick auf die Unterseite: die Röhren sind nicht miteinander verwachsen, sondern voneinander trennbar; sie können ohne Beschädigung einzeln abgelöst werden. Die Art nimmt in der Systematik eine Stellung zwischen den Röhrlingen und den Porlingen ein.

wohl eher von der optischen Beefsteakassoziation inspiriert als von den Tatsachen. Wesentlich ehrlicher muten da schon Angaben über einen eher mäßigen Speisewert an. Auch prädestiniert der säuerliche Geschmack des Fleisches die Art weit mehr dazu, nach gründlichem Abkochen als Salatpilz verwendet zu werden. Ältere Fruchtkörper enthalten im übrigen meist größere Mengen an Gerbsäure und sind, wenn überhaupt, erst nach längerem Wässern genießbar.

Unser ganz persönlicher Tip zur Verwendung des Leberreischlings: Lassen Sie den keineswegs überall häufigen Pilz dort, wo Sie ihn gefunden haben. In der Regel wird das der Stamm einer älteren, oft aber noch lebenden Eiche sein, vielleicht auch ein Eichenstumpf. An anderem Holz wächst die Art nur selten, sehen wir einmal von der Edelkastanie ab, der es bei uns freilich in den meisten Gegenden entschieden zu kalt ist. Die Leberreischlingsfäule breitet sich v.a. im Kern der befallen Stämme aus, wo das Holz dunkelbraun verfärbt, und bringt die Wirtsbäume langsam zum Absterben. Parasitismus also, mit Todesfolge, aber ohne Eile.

Wissenschaftlich betrachtet macht weniger die Beschaffenheit Marke „rohes Schnitzel" unsere Ochsenzunge zum Unikum, sondern vielmehr ein anderes, ebenso einzigartiges

Merkmal: die Form des Hymenophors, der Fruchtkörperunterseite also, an der die Sporen gebildet werden. Auf den ersten Blick sieht man hier nur eine Vielzahl kleiner Löcher und glaubt, es mit einem Porling zu tun zu haben. Ein genaueres Betrachten aber belehrt einen: der Pilz hat keine Poren, sondern - Makkaroni! Ernsthafte Pilzforscher mögen uns den Ausdruck verzeihen, scheint er uns die Verhältnisse doch am allertreffendsten wiederzugeben. Denn diese Löcher werden nicht wie bei den Porlingen durch gemeinsame Wände voneinander getrennt, sondern jedes Loch hat hier seine eigene Wand, die nur ihm gehört und nicht mit der Wand des Nachbarlochs verwachsen ist. Und so hängen auf der Unterseite des Leberreischlings dichtgedrängt kleine schlauchartige Gebilde herab. Die schauen wirklich aus wie - na, Sie kennen doch diese italienischen Nudeln!

Den Pilzsystematikern, stets bemüht, entwicklungsgeschichtliche Verwandtschaftsverhältnisse zwischen einzelnen Arten aufzuspüren, bereiten diese Nudeln erhebliches Kopfzerbrechen. Läßt sich im gesamten Pilzreich doch kaum etwas ähnliches ausfindig machen. Herrn Leberreischling kann's recht sein. Schließlich ist damit durch höchstprofessorale Autorität bestätigt: man ist nicht einer unter vielen!

Schwefelporling (*Laetiporus sulphureus*)

Der Schwefelporling oder:
wie man einen hungrigen Vielfraß
zu Schnitzel verarbeitet

Laetiporus sulphureus (Bull. : Fr.) Murrill

Kennzeichen: Fruchtkörper konsolenartig, halbrund bis fächerförmig, meistens dachziegelig übereinander angeordnet, 15-40 cm breit und 1-4 cm dick. Oberseite wellig, samtig, schwefelgelb bis orangefarben. Unterseite porig, wellig, lebhafter schwefelgelb. Poren rundlich bis länglich ausgezogen. Röhren nicht ablösbar. Konsistenz im frischen Zustand saftig und weich, später kreideartig. Fäuletyp: Braunfäule.

Schön sind sie anzusehen, die jungen Schwefelporlinge: leuchtend gelb bis orange gefärbt und oft zu vielen übereinanderstehend, fallen sie bereits von weitem ins Auge. Wer diese Augenweide unvermutet im eigenen Garten zu Gesicht bekommt, etwa an einem seiner Apfel-, Kirsch- oder Nußbäume, dessen Freude wird freilich getrübt sein. Denn der Schwe-

felporling ist ein ziemlich zerstörungswütiger Parasit, der einen Baumstamm innerhalb weniger Jahre völlig aushöhlen kann, so daß der Baum bald nur noch ein Kümmerdasein fristet und schließlich abstirbt.

Der Pilz erregt eine Braunfäule, ist also nicht fähig, den Holzstoff Lignin zu zersetzen, was seiner Aggresivität aber keinerlei Abbruch tut. Dabei zeigt er sich bei der Wahl seiner Wirte nicht wählerisch, beschränkt sich aber in den tieferen Lagen unserer Breiten doch meist auf Laubbäume. Besonders berüchtigt ist er als gefährlichster natürlicher Feind vielhundertjähriger, mächtiger Eichen, von denen, wenn sie nicht gefällt werden, schließlich nur ein großer Haufen braunen Lignins bleibt. Gerne werden aber auch Obstbäume, Weiden, Pappeln und Robinien befallen.

Wo diese Wirte nicht vorkommen, fehlt der Schwefelporling aber keineswegs, sondern

Schwefelporling (*Laetiporus sulphureus*)

be Farbe gemeinsam haben. Ansonsten jedoch ist alles anders: die Knollen besitzen keinerlei Poren, sondern bilden die Sporen in ihrem Inneren, und auch diese Sporen sehen völlig anders aus. Und dennoch ist es ein und dieselbe Pilzart, die beide Fruchtkörper hervorbringt.

Freilich findet man die Knollenform nur höchst selten, während der eigentliche Porling relativ häufig ist. Seine prächtigen, großen Fruchtkörper erscheinen oft schon im Mai oder Juni. Im Herbst sind sie nicht selten bereits abgestorben, die schöne Gelbfärbung ist verschwunden, der saftige Pilz hat sich in blasse, trockene, brüchige Fladen verwandelt, die oft gar nicht mehr als Schwefelporlinge erkannt werden. Wer aber ganz junge, frische Schwefelporlinge entdeckt, der könnte eine Pilzmahlzeit ins Auge fassen. Denn in aller Regel liefert bereits ein einziger befallener Baum genug Nahrung für ein üppiges Familienessen, und es soll vorkommen, daß einem starken Stamm so große Fruchtkörper in so langen und dichten Reihen ansitzen, daß man eine mittlere Hochzeitsgesellschaft verkösten könnte.

Unser Rezeptvorschlag:

Der Schwefelporling ist ein Pilz für die Pfanne und läßt sich ausgezeichnet panieren. Man sollte die Früchtkörper jedoch in ziemlich dünne Scheiben schneiden und vorher gründlich abbrühen, denn in rohem Zustand können sie Vergiftungserscheinungen verursachen. Wegen frischer Beilagen muß man sich meist nicht den Kopf zerbrechen, Schwefelporlingsmahlzeiten fallen in der Regel in eine Zeit, in der einem der Gemüsegarten oder der Gemüsemarkt ein wahrhaft üppiges Angebot macht. Junge Bohnen und frische Kräuter können aus dem Schwefelporlingsschnitzel bereits ein wohlschmeckendes Gericht machen. Vielleicht ein spritziger Weißwein dazu gefällig?

sucht sich andere Nahrungsquellen und schreckt dabei auch vor Nadelholz keineswegs zurück. So fallen ihm in den Hochlagen der Alpen hauptsächlich Lärchen zum Opfer, in der russischen Taiga sind es nicht selten auch Fichten. Es ist diese erstaunliche Flexibilität, die dem Pilz seine nahezu weltweite Verbreitung sichert.

Zu den faszinierenden Eigenheiten des Schwefelporlings gehört auch seine Fähigkeit, zwei vollkommen verschiedene Typen von Fruchtkörpern auszubilden. Denn neben den flachen Hüten mit sporenbildenden Poren auf der Unterseite gibt es da noch seltsam knollige Gebilde, die mit ersteren lediglich die gelbe Farbe gemeinsam haben.

Zwei geruhsame Mörder im Obstgarten

Pflaumenfeuerschwamm
Phellinus tuberculosus (Baumg. : Fr.) Niemelä
Syn.: *Phellinus pomaceus* (Pers.) Maire

Stachelbeerfeuerschwamm
Phellinus ribis (Schumach. : Fr.) P. Karst.

Kennzeichen von *Phellinus tuberculosus*: Fruchtkörper hutförmig bis semipileat, gerne am Substrat herablaufend und knollige, übereinandergeordnete Hutwülste bildend; Oberseite glatt, matt, grau bis graubraun, oft grün durch Algen. Porenoberfläche zimtbraun, alt graubraun. Poren rundlich. Trama korkig, zäh, rostbraun. Fäuletyp: Weißfäule.

Kennzeichen von *Phellinus ribis*: Fruchtkörper konsolen- bis tellerförmig, 3-15 cm breit, das Substrat teilweise bis ganz umschließend, meist mehrere Fruchtkörper neben- und übereinander verwachsen; Oberfläche glatt bis höckerig, jung rostbraun, dann schwarzbraun; Unterseite feinporig, zimtbraun bis rötlichbraun. Poren rundlich. Konsistenz korkig-zäh. Fäuletyp: Weißfäule.

Haben Sie einen alten Pflaumenbaum in Ihrem Garten? Dann dürften Sie dort vermutlich auch einen Feuerschwamm als Gast beherbergen. Denn diese Bäume werden ab einem gewissen Alter fast mit Sicherheit vom Pflaumenfeuerschwamm befallen. Heißen Sie ihn willkommen als Bereicherung der Vielfalt des Lebens in Ihrem Garten, und verzeihen Sie ihm, daß er Ihrem Baum zwar sehr langsam, aber unvermeidlich den Garaus machen wird - das gehört nun mal zum Schicksal eines Pflaumenbaums.

Den Startschuß zum Leben dieses Pflaumenfeuerschwamms könnte beispielsweise ein besonders ertragreiches Pflaumenjahr gegeben haben. Vielleicht brach ein schwacher Ast unter der Last seiner Früchte und hinterließ am Baum eine Wunde, schon stand das Eingangstor für den Pflaumenfeuerschwamm weit offen. Wenn die per Luftpost verschickten Sporen unseres Pilzes auch ohne Adreßaufkleber unterwegs waren: ein paar von ihnen wurden dennoch richtig zugestellt und landeten auf eben dieser Abbruchstelle am Pflaumenbaum - einfach durch Zufall.

Pflaumenfeuerschwamm (*Phellinus tuberculosus*)

Die Windverbreitung der Sporen, so selbstverständlich wir von ihr sprechen, kann einen bei näherem Überlegen ganz schön ins Staunen versetzen. Die Sporen Tausender von Pilzarten sind darauf angewiesen, daneben natürlich auch die Sporen anderer Pflanzen, die Pollen vieler Blütenpflanzen und vieles mehr. Ein gewaltiges Luftfrachtaufkommen, von ungeheurer Vielfältigkeit und mit unvorstellbaren Stückzahlen, und dennoch unsichtbar. Praktisch hundert Prozent aller Frachtstücke aber werden falsch abgeliefert, landen an Betonmauern, im Wasser, auf dem falschen Boden, auf der falschen Pflanze, oder auch auf der richtigen Pflanze, aber an der falschen Stelle oder zur falschen Zeit. Und dennoch kommt immer genug auch an der richtigen Stelle zum richtigen Zeitpunkt an. Der Verstand sagt uns, daß die gewaltigen Sporenzahlen jeder einzelnen Art dafür sorgen - die Vorstellungskraft aber versagt uns hier ihre Dienste.

Auch auf der Wunde unseres Pflaumenbaums lagerte der Wind die Sporen sicherlich einiger Hundert verschiedener Pilzarten ab: Fehlzustellungen fast allesamt, bald nach dem Auskeimen dem Tode geweiht oder aber an dieser Stelle überhaupt nicht zur Keimung befähigt. Doch auch Sporen des Pflaumenfeuerschwamms gelangten auf die Wundstelle, und so nahm der Lebenskreislauf des Pilzes seinen Anfang: ein Mycel begann zu wachsen und zugleich auf Brautschau zu gehen. Denn zur Vollendung des Lebenszyklus mußte dieses Mycel mit einem weiteren, aus einer anderen Pflaumenfeuerschwammspore entstandenen verschmelzen. Nur so war unser Pilz schließlich, nachdem er sich gründlich im Holz seines Opfers etabliert hatte, zur Fruchtkörperbildung fähig.

Diese braunen, im Alter eher grauen Fruchtkörper sind, obwohl sie durchaus 10 cm Größe erreichen können, meist nicht überaus auffällig, da sie besonders am schrägen Substrat nicht sehr stark vom Holz abstehen. Den Winter überstehen sie schadlos und beginnen in der Regel bereits im Februar mit der Sporenbildung. Der Vorteil einer so frühen Sporulation liegt auf der Hand: um diese Jahreszeit sind die Wundstellen des Baumes noch nicht unter einem dichten Blätterdach verborgen, was die (freilich immer sehr geringen) Chancen der Sporen auf korrekte Zustellung verbessert.

Den Sommer über stellt der Pilz dann die Sporenproduktion gänzlich ein, um sie im Herbst wieder aufzunehmen, bis die mittleren Temperaturen im Dezember schließlich unter den Gefrierpunkt fallen.

Ist ein Baum einmal vom Pflaumenfeuerschwamm befallen, so gibt es keine Heilung mehr für ihn; der aufmerksame Obstgärtner kann durch das Beschneiden beschädigter Äste und sorgfältigen Wundverschluß einer Infektion allenfalls vorbeugen. Dennoch erwischt der Pilz früher oder später nahezu jeden Pflaumenbaum, der nicht zuvor der Axt zum Opfer gefallen ist. Kein Grund zur Sorge: auch nach dem ersten Erscheinen von Fruchtkörpern wird Sie Ihr Baum noch mindestens zehn Jahre mit seinem Obst beliefern, so daß für ein Nachfolgebäumchen noch genug Zeit zum Heranwachsen bleibt. Denn der Pilz breitet sich zunächst nur im Kern des Holzes aus, während die äußeren Bereiche des Stamms und der Äste die Wasserversorgung und Standfestigkeit des Baumes noch über lange Zeit sichern können.

Pflaumen- bzw. Zwetschgenbäume sind der häufigste Wirt unseres Pilzes, daneben findet man ihn praktisch nur an nächstverwandten Steinobstpflanzen wie Schlehe, Süß- und Sauerkirsche sowie Pfirsich. Schon die ebenfalls zur selben Pflanzenfamilie gehörigen Apfel- und Birnbäume sind, auch wenn sie im Garten direkt neben einem befallenen Pflaumenbaum stehen, vor Ansteckung ziemlich sicher.

Diese doch sehr enge Substratspezifität ist für nahezu alle Arten aus der großen und vielgestaltigen Gattung der Feuerschwämme charakteristisch. Allein aus Deutschland kennt man davon etwa 25 verschiedene Spezies, wobei die Liste der jeweils bevorzugten Opfer von den Nadelbäumen Tanne, Fichte und Kiefer über Laubbäume bis hin zu Sträuchern wie Hasel oder Sanddorn reicht. Und auch in puncto Fruchtkörperform sind die Feuerschwämme eine recht vielgestaltige Gruppe. Da gibt es einerseits Arten, die an ihrem Nahrungsbaum lediglich krustenartige, fast nur aus Poren bestehende Überzüge bilden. Andere Feuerschwämme dagegen zählen zu den auffälligsten baumbewohnenden Pilze überhaupt, so etwa der Eichenfeuerschwamm mit seinen eindrucksvollen, großen, knolligen Fruchtkörpern.

Stachelbeerfeuerschwamm (*Phellinus ribis*)

Nicht zuletzt unter dem Mikroskop aber zeigt sich deutlich die enge Verwandtschaft all dieser äußerlich so unterschiedlich aussehenden Pilze.

Einen der unscheinbarsten unter ihnen wollen wir hier noch kurz vorstellen: den Stachelbeerfeuerschwamm. Er befällt vornehmlich alte Stachel- und Johannisbeersträucher und ist daher wie sein auf Pflaumen spezialisierter Bruder in so manchem Hausgarten zu finden. Dem Gartenbesitzer aber bleibt dieser Untermieter meist völlig verborgen - man muß schon gezielt nach ihm suchen, will man ihn zu Gesicht bekommen.

Dabei ist der Stachelbeerfeuerschwamm gar nicht so übermäßig klein, immerhin zwischen 3 und 10 cm Breite erreichen seine mehrjährigen, flachen und überdies deutlich abstehenden Fruchtkörper in der Regel. Sie wachsen freilich direkt über dem Boden, und ältere Exemplare heben sich mit ihrer braunen bis schwärzlichen Oberseite, die nicht selten noch von Algen oder gar Moosen bewachsen ist, meist kaum vom Untergrund ab. Die rötlichbraune Unterseite ist zwar etwas lebhafter gefärbt, wendet aber ihre winzigen, mit bloßem Auge kaum erkennbaren Poren der Erde zu und bleibt von oben betrachtet unsichtbar. Falls Sie also alte Stachel- oder Johannisbeersträucher in Ihrem Garten haben: bitte genau nachsehen!

Auch der Stachelbeerfeuerschwamm läßt seine Opfer noch lange Jahre ihre Früchte tragen und hat es mit dem Todesstoß keineswegs eilig. Ein geruhsamer Mörder, fürwahr, vielleicht sollte man sogar besser sagen: ein treuer Lebensgefährte des Alters. Und stirbt der Strauch schließlich, so folgt ihm auch der Pilz alsbald in den Tod.

Tannen-Feuerschwamm

Phellinus hartigii (All. & Schn.) Bond.

Fruchtkörper konsolen- bis hutförmig, bis 20 cm breit und bis 15 cm vom Substrat abstehend; Oberseite glatt, krustig, breit wellig-konzentrisch gezont, zimt- bis graubraun, durch Algen oft grünlich, Rand stumpf, ockerbraun; Unterseite fein porig, rost- bis graubraun. Trama holzig, zäh, gelbbraun. Fäuletyp: Weißfäule.

Der Tannen-Feuerschwamm wächst parasitisch und saprophytisch an Tanne.

Eichen-Feuerschwamm

Phellinus robustus (Karst.) Bourd. & Galz.

Fruchtkörper konsolen- bis hutförmig, bis 25 cm breit und bis 10 cm vom Substrat abstehend; Oberseite krustig, konzentrisch gezont, etwas rissig, rost- bis graubraun, alt schwarzbraun; Unterseite fein porig, gelbbraun, dann rostbraun. Trama holzig, zäh, gezont, gelbbraun. Fäuletyp: Weißfäule.

Der Eichen-Feuerschwamm fruktifiziert an lebenden Eichen, seltener an Edelkastanien oder anderen Laubbäumen.

Erlen-Schillerporling

Inonotus radiatus (Fr.) Karst.

Fruchtkörper konsolenförmig, am Substrat gerne etwas herablaufend, bis 8 cm breit und bis 5 cm vom Substrat abstehend; Oberseite fein filzig, dann verkahlend, radial-runzelig, rostbraun mit gelblichem, wulstigem Rand, dann dunkel- bis schwarzbraun; Unterseite fein porig, weißlich, dann hell- bis graubraun, gelbgraulich schillernd. Fäuletyp: Weißfäule.

Der Erlen-Schillerporling kommt an totem Holz (Äste, Stämme) der Erle vor.

Zottiger Schillerporling (*Inonotus hispidus*)

Die Schillerporlinge

Die Gattung *Inonotus*

Kennzeichen von *Inonotus hispidus* (Fr.) Karst.: Fruchtkörper halbkreis- bis konsolenförmig, einzeln bis gesellig wachsend, bis 30 cm breit und bis 20 cm vom Substrat abstehend; Oberseite gelb- bis rotbraun, striegelig-filzig durch büschelweise verklebte Haare; Rand jung wulstig, gelb, später stumpf, gelbbraun; Unterseite porig, gelb, dann ockerlich bis grau-ocker. Trama radial-faserig, weich, saftig, schwammig, gelb-ockerlich, nach Anschnitt sofort bräunlich verfärbend. Der Zottige Schillerporling wächst an lebenden Laubbäumen (Apfelbaum, Nußbaum, Esche, Platane).

Schillerporlinge gehören, betrachtet man sie aus der Sicht von Darwins Evolutionstheorie, in die enge Verwandtschaft der eben besprochenen Feuerschwämme. Der Hauptunterschied zwischen beiden Gattungen liegt in der Lebenserwartung ihrer Fruchtkörper. Während nämlich Feuerschwämme den Winter schadlos überstehen, bringt die kalte Jahreszeit den Schillerporlingsfruchtkörpern den unausweichlichen Tod; bei ihnen überwintert ausschließlich das Mycel im Inneren des befallenen Holzes, das sich im darauffolgenden Jahr dann nicht selten von neuem an die Bildung von Fruchtkörpern macht.

Entsprechend ihrer kürzeren Lebensspanne sind Schillerporlinge deutlich weicher und eher korkig, im Gegensatz zu den widerstandsfähigen, harten und holzigen Fruchtkörpern der Feuerschwämme. In der Größe jedoch stehen manche Arten, wie das obige Bild bereits vermuten läßt, ihren langlebigen Brüdern in nichts nach. Wie diese sind die Schillerporlinge aber eine recht vielgestaltige Gruppe, zu der auch wesentlich unauffälligere Pilze zählen. Übrigens: bei vielen von ihnen, wenn auch nicht bei allen, kann man an der Porenschicht ein eigenartiges, weißliches Schillern beobachten. Das also (und nicht etwa ein deutscher Dichter) steckt hinter diesem schillernden Namen!

Fencheltramete (*Gloeophyllum odoratum*)

Fenchelduft am Fichtenstumpf

Die Fencheltramete
Gloeophyllum odoratum (Wulfen : Fr.) Imazeki

Kennzeichen: Fruchtkörper kissen-, kreisel- oder konsolenförmig, bis 20 cm breit und bis 10 cm vom Substrat abstehend, Oberseite wellig, höckerig, jung matt filzig, gelbbraun bis orangebraun, dann verkahlend und rost- bis dunkelbraun oder schwarz; Rand wulstig, wellig; Unterseite porig, jung gelb, später graubraun; Poren rundlich-eckig bis langgestreckt. Trama zimtbraun, korkig, zäh; Geruch nach Fenchel und Anis, Geschmack mild, bitterlich. Fäuletyp: Braunfäule.

Es gibt Pilze, die man an ihrem spezifischen Geruch fast noch sicherer erkennen kann als an ihrem Aussehen. Zu ihnen gehört ohne Zweifel die Fencheltramete mit ihrem stark aromatischen Duft, der tatsächlich an Fenchel oder an Anis erinnert. Doch leider müssen wir alle Feinschmecker, die nun im Geiste bereits eine leckere Gemüsesuppe mit Fencheltrameteneinlage kreieren, enttäuschen. Schon der

Name „Tramete" sagt es dem Kundigen, daß wir es hier nicht mit einem zartfleischigen Schlemmerpilz zu tun haben, sondern mit einem recht zähen Porling, dessen Konsistenz eher an Kork als an einen Pilz erinnert und dessen Teile auch der wohlerzogenste Essensgast wieder aus dem Mund nehmen würde.

In biologischer Hinsicht entpuppt sich der Pilz als hochspezialisierter Holzabbauer, der in Mitteleuropa fast nur an Fichtenholz vorkommt. Doch damit haben wir seine ökologische Nische noch keineswegs vollständig charakterisiert. Selten wird man die Fencheltramete nämlich an einem Fichtenstamm oder Fichtenast finden. Sie beschränkt sich weitgehend auf die Stümpfe dieser Baumart, die sie mit der von ihr verursachten Braunfäule stark vermorscht. Falls Sie also bei ihrem nächsten Waldspaziergang einen Fichtenstubben mit Porlingsbefall finden - schnuppern Sie doch einmal!

„Ein höchst merkwürdiges und problematisches Naturprodukt": die Pietra fungaja

Der Sklerotienporling
Polyporus tuberaster (Pers. : Fr.) Fr.

Kennzeichen: Hut 3-10 cm breit, jung konvex, dann abgeflacht bis schwach trichterförmig; Oberseite angedrückt schuppig; gelb- bis orange-braun auf ockerlichem Grund, Schuppen dunkler gefärbt. Unterseite grobporig, cremefarben bis gelblich; Poren rundlich, am Stiel weit herablaufend. Stiel zylindrisch, 2-6 x 1 cm. Fleisch weiß, weich, elastisch. Fäuletyp: Weißfäule

JOHANN WOLFGANG VON GOETHE, Kultfigur nicht nur der Deutschen, hat als universales Lebensgenie auch in den Naturwissenschaften unauslöschliche Spuren hinterlassen. Sein „Versuch die Metamorphose der Pflanzen zu erklären" etwa machte Wissenschaftsgeschichte. Dabei galt sein Interesse jedoch ausschließlich den Blütenpflanzen; mit dem Studium der Sporenpflanzen (von Goethe Acotyledonen genannt), also auch mit dem der Pilze, konnte er sich offenbar nicht anfreunden. „Acotyledonen", so notiert er einmal, „lagen außer meiner Gesichtskraft".

Zumindest ein mykologisches Phänomen aber faszinierte auch Goethe: die „Pietra fungaja". Möglicherweise waren es „Herrn Joh. Jak. Ferbers Briefe aus Wälschland über natürliche Merkwürdigkeiten dieses Landes", aus denen er erstmals von diesen merkwürdigen Pilzsteinen erfuhr - jedenfalls gehörte das Buch zum Gepäck seiner Italienreise. Dort lesen wir:

Die so genannte Pietra fungaja ist ein weisser stalactitartig zusammengesinterter Kalchtuff, den man in den Kalchgebürgen im Neapolitanischen, welche mit Romagnien gränzen, gräbt, und die Eigenschaft hat, zu allen Zeiten des Jahres esbare Schwämme auswachsen zu lassen, wenn man ihn in einem feuchten Keller legt, und mit Wasser begiest.

Ein Stein, aus dem man ganz nach Bedarf Speisepilze sprießen lassen konnte - die Sache ließ dem begeisterten Gesteins- und Mineraliensammler Goethe keine Ruhe. Dank seiner weitgespannten Beziehungen bekam er auch ein Exemplar aus Italien zugesandt, das er alsbald in seinen Keller schaffte, in feuchte Erde legte und begoß. Doch er wurde enttäuscht: Pilze brachte der Klumpen nicht hervor, so geduldig Goethe auch wartete. Stattdessen wurde das Gebilde mit der Zeit deutlich weicher, so daß den großen Dichter bald Zweifel beschlichen, ob es sich überhaupt um einen Stein handle. *„Jenes Naturprodukt scheint nicht dem Mineral- sondern dem Pflanzenreiche anzugehören"* meldete er dem Übersender schließlich nach Italien.

Goethe vermutete richtig. Tatsächlich ist die Pietra fungaja nichts anderes als das Überdauerungsorgan eines Pilzes, das freilich nicht nur aus Pilzsubstanz besteht, sondern in seinem Innern auch eine ganze Menge Erde mit einschließt. In Form dieser unterirdischen Knolle vermag dieser Pilz ungünstigen Lebensbedingungen beispielsweise in Dürreperioden sehr lange Zeit zu trotzen. Fällt wieder Regen oder wird dieser durch die Gießkanne des erwartungsfrohen Pilzgärtners imitiert, so können sich erneut Fruchtkörper bilden, die für die Weiterverbreitung der Art sorgen.

„Sklerotien" werden solche verhärteten Überdauerungsorgane von den Pilzkundlern genannt. Nicht wenige der verschiedensten Pilze bedienen sich dieser Überlebensstrategie, doch erreichen die Sklerotien der allermeisten Arten nur Größen von einigen Millimetern oder maximal wenigen Zentimetern. Nur eine einzige Pilzart in Europa sprengt diesen Rahmen und bricht damit alle Rekorde: *Polyporus tuberaster*, der Sklerotienporling, dessen Überdauerungsknolle volle Menschenkopfgröße erreichen kann - die Goethe so faszinierende Pietra fungaja!

Dieses große und harte Ding, das bei Befeuchtung so bereitwillig Pilze hervorbringt, hatte es den Menschen schon früher angetan. Bereits zu Beginn des 14. Jahrhunderts berichtet MATTHAEUS SYLVATICUS von seiner staunenswerten Eigenschaft und preist es zugleich als Heilmittel gegen Magenschmerzen, Gelbsucht und Bauchfluß. *Lapis lyncis*, Luchsstein, so hieß das Gebilde damals, da man glaubte, es entstehe aus dem Harn des Luchses. Auch in ihrem Herkunftsland Italien waren diese Sklerotien freilich von jeher eher selten, weshalb die so einfach zu züchtenden Pilze auch nie zur Volksspeise wurden. Dagegen bereicherten die Fruchtkörper bisweilen die Tafel fürstlicher Häuser, wo sie als erlesene Delikatesse galten - ein Urteil, das womöglich eher auf der Seltenheit und Kuriosität der Pietra fungaja als auf dem tatsächlichen Geschmackswert der von ihr gebildeten Fruchtkörper beruhte.

Wenn sich so mancher in den Besitz dieses begehrten Steins Gekommener nun Hoffnung auf lebenslang unbeschränkte Pilzernte machte, so wurde er freilich bitter enttäuscht. Zwar ließ sich das Zauberstück mit dem wunderbaren Pilzwachstum einigemale wiederholen, doch dann waren die Reserven der Knolle erschöpft. Mag sein, daß man Goethe ein solch verbrauchtes Exemplar zusandte. Vielleicht war die „unschätzbare Gabe", wie er sie im Dankesschreiben bezeichnete, aber auch einfach schon zu alt.

Lange Zeit ging man davon aus, daß der Sklerotienporling und mit ihm sein Sklerotium nur in Italien vorkäme. Erst im 20. Jahrhundert wurden einige Funde aus Holland, Nordamerika und Japan bekannt. Und es war schon eine kleine Sensation, als einige Mykologen·Ende der sechziger und in den siebziger Jahren mehrere Exemplare der Pietra fungaja in der damaligen DDR fanden. Diese Wissenschaftler begnügten sich aber nicht damit, die Knolle ihr Kunststück vorführen zu lassen, sie nahmen die daraus sprießenden Fruchtkörper genauer unter die Lupe. Und was sie herausfanden, das war die eigentliche Sensation:

Diesen Pilz nämlich, den ihnen das Sklerotium da bescherte, den kannten sie schon, obwohl sie einen Sklerotienporling nie zuvor gesehen hatten. Er unterschied sich nämlich in nichts von einer in manchen Gegenden

Deutschlands gar nicht so seltenen Art, den die Wissenschaft unter dem Namen *Polyporus lentus* führte. Diese Art aber wuchs auf morschem Laubholz und nicht aus einem in der Erde verborgenen Sklerotium. Weitere Nachforschungen ergaben schließlich, daß beide Arten tatsächlich identisch sind, und lieferten damit ein völlig neues Bild von der Lebensweise des berühmten Pietra-fungaja-Pilzes.

Demnach ist der Sklerotienporling kein bodenbewohnender Pilz, sondern ein Holzabbauer, der sich von toten Laubbäumen ernährt, wo er Weißfäule bewirkt. Und hier am Holz bildet er auch in aller Regel sein Fruchtkörper aus. Wenn der besiedelte Stamm oder Ast aber direkt dem Erdboden aufliegt, hat das Mycel die Möglichkeit, vom Holz in die Erde einzudringen und dort ein Überdauerungsorgan auszubilden, die Pietra fungaja. An der Oberfläche dieser Pietra fungaja kann der Pilz, wie wir bereits wissen, bei geeigneten Bedingungen ebenfalls seine Fruchtkörper sprießen lassen, die sich denn auch in nichts von ihren Geschwistern an Holz unterscheiden. Eine Verbindung zum eigentlichen Nährsubstrat Holz ist dafür nicht mehr erforderlich. Ob dieser Organismus dabei ausschließlich von dem im Überdauerungsorgan gespeicherten Nährstoffen aus der vorhergehenden Holzzersetzung zehrt oder aber auch aus dem Boden Nahrung aufnimmt, bedarf freilich noch der endgültigen Klärung.

Zumindest im gemäßigten Klima Mitteleuropas, so scheint es, bildet unser Pilz seine Pietra fungaja nur äußerst selten aus, schließlich ist sie für seinen Lebenskreislauf auch keineswegs unbedingt erforderlich. Und so bleibt uns diese reizvolle Form der Pilzernte von einem geheimnisvollen Pilzstein im eigenen Keller, um die sich schon Goethe vergeblich bemüht hat, leider versagt. Trösten wir uns damit, daß wir die beispielsweise an den italienischen Fürstenhöfen der Renaissance so hoch geschätzten Fruchtkörper auf ganz triviale Weise in einem deutschen Laubwald sammeln könnten. Wenn das die Medici, die Visconti oder die Gonzaga gewußt hätten!

Sklerotienporling, Pietra fungaja (*Polyporus tuberaster*)

Schuppiger Porling

Polyporus squamosus Fr.

Fruchtkörper mit rundlich-ovalem, fächerförmigem Hut, dieser bis 50 cm breit, gelb bis ockergelb, mit konzentrisch angeordneten, braunen Schuppen; Stiel seitlich angewachsen, bis 10 cm lang, gegen Basis verjüngt und schwarzfilzig. Fruchtschicht großporig, cremefarben bis blaß gelb. Geschmack und Geruch nach Mehl. Fäuletyp: Weißfäule.

Der Schuppige Porling wächst auf verschiedenen Laubbaumarten.

Schwarzroter Porling

Polypous badius (Pers.) Schw.

Hut rundlich, konvex, dann trichter- oder kreiselförmig, bis 25 cm breit; Oberseite glatt, kahl, dunkel rotbraun; Rand wellig bis flatterig, dünn; Unterseite fein porig, weiß bis hellbraun; Stiel bis 5 cm hoch, glatt, samtig, braunschwarz. Fleisch korkig, zäh. Fäuletyp: Weißfäule.

Der Schwarzrote Porling fruktifiziert vom Frühjahr bis Herbst auf Stämmen und Ästen von Weiden, Erlen, Pappeln und anderen Laubbäumen; er ist eher selten.

Kiefernbraunporling

Phaeolus schweinitzii (Fr.) Pat.

Hut bis 30 cm breit, oft zu mehreren verwachsen; Oberfläche wellig-höckerig, filzig, jung orangefarben gezont und Mitte dunkelbraun, dann schwarz bis rotbraun; Unterseite mit labyrinthischer, grüngelber Porenschicht, die bei Druck braun verfärbt; Stiel meist kurz. Fleisch braun, weich. Fäuletyp: Braunfäule.

Der Kiefernbraunporling kommt vom Frühjahr bis Herbst vorwiegend auf Strünken und Wurzeln der Kiefer vor.

Birkenporling (*Piptoporus betulinus*)

Treu bis in den Tod:
der Birkenporling

Piptoporus betulinus (Bull. : Fr.) P. Karst.

Kennzeichen: Fruchtkörper muschel-, fächer- oder konsolenförmig mit seitlicher, stielartiger, buckeliger Anwuchsstelle, halbrund bis flach kissenförmig, 5-20 cm breit und 2-4 cm dick; Oberfläche glatt, häutig, ungezont, jung cremeweiß, dann ockerbraun bis graubraun; Unterseite fein porig, weiß bis cremeweiß, Poren rundlich bis etwas eckig. Fleisch weiß, korkig weich, saftig. Geschmack säuerlich und bitterlich. Fäuletyp: Braunfäule.

Die meisten holzabbauenden Pilze nehmen es mit der Treue nicht allzu genau. Nicht von der ehelichen Treue ist hier die Rede, sondern von der sogenannten „Wirtstreue". Um allen Mißverständnissen von Anfang an vorzubeugen: Dieser Begriff wurde nicht von der Dachorganisation der Deutschen Stammtischbruderschaften ins Leben gerufen, sondern von Biologen. Er drückt aus, in welchem Maße sich

Parasiten oder auch Saprophyten bei der Auswahl ihrer „Opfer" auf eine bestimmte Art oder Gattung beschränken.

Tatsächlich gibt es einige wenige holzabbauende Pilze, die man auf so ziemlich allen Baumarten finden kann, ohne daß man eine besonders typische Wirtsgattung nennen könnte. Die meisten aber zeigen doch eine eindeutige Vorliebe zumindest für entweder Nadel- oder Laubholz. Und darüberhinaus haben nicht wenige dieser Pilze einen oder auch zwei Hauptwirte, von denen die deutlich überwiegende Zahl der Fruchtkörperfunde stammt. Zusätzlich aber kommen sie als Ausnahmeerscheinungen eben auch an einer ganzen Reihe anderer Bäume vor.

Wirklich wirtstreu sind nur wenige Pilze an Holz. Zu ihnen gehört der Birkenporling: So gut wie nie wurde er jemals an einem anderen Baum als an Birken entdeckt. Diesen jedoch bringt die unverbrüchliche Treue „ihres" Porlings wenig Glück, denn der ist ein arger Parasit, der vor allem ältere oder leicht geschwächte Birken erbarmungslos zu Fall bringt. Schon wenn der lichtbedürftige Baum im Wald in den Dauerschatten anderer Waldbäume gerät, sind einem aussichtreichen Generalangriff der Birkenporlingssporen Tür und Tor geöffnet. Dem bietet oft nicht einmal die Forstwirtschaft durch ein Fällen des Baumes Einhalt, denn das Holz der Birke ist nicht sehr begehrt.

Die Infektion scheint hauptsächlich im oberen Teil des Baumes an Aststummeln zu erfolgen. Von hier aus breitet sich dann eine intensive Braunfäule im ganzen Holz aus, die den gesamten Baum bald abtötet. Wenn er schließlich zu Boden stürzt, ist die aus Zellulose bestehende Faserstruktur des Holzes (siehe das Kapitel zum Unterschied Braunfäule - Weißfäule) bereits so weit zerstört, daß er beim Aufprall am Boden nicht selten in mehrere Teilstücke zerbricht. An diesen Stücken können noch weiterhin neue Fruchtkörper entstehen.

Verwechseln kann man den Birkenporling eigentlich kaum, wobei natürlich schon das Vorkommen an Birke ein wichtiges Identifizierungsmerkmal abgibt. Seine Fruchtkörper sind nicht völlig hart und starr wie die unserer mehrjährigen Porlinge, sondern korkig zäh - viel zu zäh, um als Speisepilz zu taugen. Doch sollen sie früher hie und da als Lederersatz für Streichriemen zum Schärfen von Rasiermessern verwendet worden sein, und aus dem Bayerisch-Böhmischen Grenzgebirge wird berichtet, daß die „Waldler" sie mancherorts auch gerne zu Stöpseln für ihre Schnupftabakgläser verarbeitet haben.

Wenn schließlich am Ende eines Jahres der Winter mit Minusgraden übers Land zieht, dann schlägt auch all den massenhaft an totem Birkenholz gewachsenen Birkenporlingsfruchtkörpern ihr letztes Stündlein.

Und wer ihre Leichen im nächsten Jahr genau betrachtet, entdeckt vielleicht auf der Porenschicht schon wieder ein anderes Pilzchen: kleine, ockergelbe, unregelmäßig kissenförmige Gebilde, die der Fachmann unter dem Namen Kissenpustelpilz (*Hypocrea pulvinata*) kennt. Schon hat nämlich in den Fruchtkörpern des aggresiven Holzzerstörers ein Pilzzerstörer sein Werk begonnen. Bestand hat letztlich nur der Wandel.

Birkenporling-Kissenpustelpilz

Hypocrea pulvinata Fuckel

Fruchtkörper polsterförmig, rundlich bis oval, pulverig-filzig, gelb bis ockergelb, bis 25 mm im Durchmesser; Perithezien eingesenkt, kugelförmig, mit kaum hervorragender, punktförmiger Mündung.

Dieser Kissenpustelpilz fruktifiziert auf der Fruchtschicht von Porlingen, vorwiegend auf dem Birkenporling (*Piptoporus betulinus*).

Hausschwamm (*Serpula lacrymans*)

„Aussatz an Häusern" und sein gefährlichster Verursacher: der Hausschwamm

Serpula lacrymans (Wulfen : Fr.) J. Schröt.

Kennzeichen: Fruchtkörper krustenförmig mit treppenförmig vorspringenden Hutkanten (resupinat bis effuso-reflex), bis 1 cm dicke Überzüge bis mehrere Dezimeter Ausdehnung bildend, Hut bis 1 cm abstehend; Oberseite schmierig-filzig, buckelig-wulstig, weißlich bis cremefarben, bei Druck rotbräunlich verfärbend. Unterseite merulioid, unregelmäßig porig-labyrinthisch-netzig, Porenschicht olivbraun bis rostbraun, Randzone steril und weißlich-filzig. Konsistenz schwammig, gummiartig. Fäuletyp: Braunfäule.

Der Herr sprach zu Mose und Aaron: Wenn ihr in das Land Kanaan kommt, das ich euch zum Besitz gebe, und ich lasse an einem Haus des Landes, das ihr besitzen werdet, Aussatz auftreten, so soll der Hausherr kommen, es dem Priester anzeigen und sagen: Ich habe an meinem Haus so etwas wie Aussatz gesehen.

Was hier in der Thora des Judentums bzw. im Buch Levitikus der Bibel so plastisch beschrieben wird, könnte sich auf ein Problem beziehen, das auch heute noch manchem Hausbesitzer zu schaffen macht: Pilze in Häusern, vom Schimmelbefall an der Küchenwand bis hin zu Holzzerstörern in Fußbodenbrettern oder gar Tragbalken, richten nicht selten erhebliche Schäden an. Der gefährlichste unter ihnen, der Hausschwamm, dürfte vorsichtigen Schätzungen zufolge beispielsweise allein in Großbritannien und Nordirland jährlich Kosten von mindestens 150 Millionen Pfund verursachen. Seinen Namen trägt dieser Pilz übrigens völlig zurecht, kommt er doch in unseren Breiten niemals außerhalb von Gebäuden vor. Ein absolut häuslicher Typ also.

Der Hausschwamm ist ein Braunfäuleerreger und hält sich als solcher auch in etwa an die allgemeine Regel, daß Braunfäulepilze bevorzugt Nadelholz befallen. In dieser Hinsicht

Hausschwamm

Serpula lacrymans (Wulfen : Fr.) J. Schröt.

Der Hausschwamm ist lediglich in der Initialphase auf ausreichende äußere Feuchtigkeit angewiesen; in seiner weiteren Entwicklung beschafft er sich die notwendige Feuchtigkeit selbst: beim Abbau der Zellulose und des Kalkmörtels an Mauerwerk setzt er das chemisch gebundene Wasser frei.

Der dünnere und kleinere Wilde Hausschwamm (*Serpula himantioides*) wächst in Wäldern an Nadelholz.

macht ihm die Bauwirtschaft das Leben leicht, wird doch als Bauholz bei uns fast ausschließlich die Fichte verwendet. Dieses Holz muß im übrigen keineswegs stark durchnäßt sein, um unserem Pilz als Nahrung dienen zu können, denn der gibt sich bereits mit einem Wassergehalt ab etwa 20 %, bezogen auf das Darrgewicht, zufrieden. Dazu muß man wissen, daß sogenanntes halbtrockenes Bauholz, wie es häufig bei Neubauten zum Einsatz kommt, laut DIN-Norm bis zu 30 % Feuchte aufweisen darf.

Fuß fassen wird der Hausschwamm zunächst an einer feuchten Stelle, vielleicht in einem schlecht durchlüfteten Keller. Dabei hält er seine Anwesenheit keineswegs überaus geheim, indem er sein Mycel vollständig im Holz versteckt, sondern er bildet auch ein üppiges, weißes, watteartiges Luftmycel aus. Hat er sich an diesem Ort erst einmal etabliert, so befällt ihn bald ein mächtiger Drang, sich auszubreiten, und nicht zuletzt dieser Drang macht ihn so besonders gefährlich. Im Gegensatz zu allen anderen Pilzen endet das Wachstum des Mycels nämlich nicht dort, wo seine Nahrung, das Holz also, endet. Nein, der Hausschwamm überwuchert auch Materialien, auf denen jeder andere Pilz sein Weiterwachsen wegen akuter Hungersnot unverzüglich einstellen müßte: Steine, Mauerwerk und Beton haben nun einmal keine Nährstoffe für Pilze zu bieten.

Wie aber schafft der Hausschwamm diesen steinigen Weg durch die Wüste? Er kann etwas, was ihm unter den Pilzen keiner nachmacht: er baut sich seine eigenen Versorgungsleitungen. Bereits einen Zentimeter hinter der wattigen Wachstumsfront beginnt sich das Mycel in Stränge umzuwandeln. Diese Stränge enthalten weitlumige Gefäßhyphen, in denen der Pilz alle Stoffe, die er zum Wachstum benötigt, einschließlich des Wassers, von seiner Nahrungsquelle an die Mycelfront transportiert. Mit Hilfe dieses perfekten Nachschubsystems kann der Hausschwamm viele Meter weit hinter Kacheln und Putz, unter Fußbodenbelägen und durch Mauerritzen das Haus durchwachsen, bis er wieder neues abbaufähiges Holz erreicht. Stimmen die Umgebungsbedingungen, so macht er in seiner Zerstörungswut aber auch vor Büchern, Teppichen und sogar Kartoffeln oder anderen Vorräten nicht halt.

Seine sehr unterschiedlich gestalteten und von wenigen Zentimetern bis über einen Meter großen Fruchtkörper bildet der Hausschwamm wohl ebenso gern an Mauerwerk wie an Holz. Bei der Reife produziert die gelbbraune Fruchtschicht eine solch ungeheure Zahl von Sporen, daß in ungenutzten Räumen bald jeder Gegenstand mit einer braunen Staubschicht überzogen ist. Beim Aufenthalt in solchen Zimmern kommt es dann auch nicht selten zu Sporenallergien, überdies ver-

Goldgelber Fältling (*Pseudomerulius aureus* (Fr.) Jül.): Die orange- bis gelbbraun gefärbten Fruchtkörper mit einer radial faltig-runzeligen Fruchtschicht wachsen vorwiegend auf entrindetem Holz der Kiefer.

breiten ältere Fruchtkörper einen sehr unangenehmen Geruch, der zu Kopfschmerzen und Übelkeit führen kann.

Gegenmaßnahmen sind also dringend angesagt, hat man die Anwesenheit des Hausschwamms erst einmal festgestellt. Die traditionellen Bekämpfungsstrategien setzen vor allem auf die Beseitigung bzw. Tötung auch der letzten im Gebäude vorhandenen Hausschwammhyphe. Alles befallene Material wird dabei konsequent entfernt oder, wo dies nicht möglich ist, massiv vergiftet. Nach neueren Konzepten dagegen kann noch nicht zu stark zersetztes Holz an Ort und Stelle verbleiben, wenn es gelingt, dem Pilz das Wasser abzugraben. Eine gründliche Beseitigung aller Feuchtigkeitsherde und schnelle Trockenlegung ist hier also oberstes Gebot. Auch bei dieser Methode können die anfallenden Kosten freilich enorm sein, und es gibt durchaus Fälle, in denen Abriß und Neubau eines Hauses die preiswertere Alternative ist.

Angesichts solch großen wirtschaftlichen Schadens verwundert es kaum, daß der Hausschwamm zu den besterforschten Pilzen überhaupt zählt. Die Wissenschaftler haben sich aber nicht nur mit praxisrelevanten Aspekten wie Wachstumsbedingungen, Ausbreitung und Bekämpfung beschäftigt, sondern auch Grundlagenforschung fern jeder Anwendungsperspektive betrieben. Eines der überraschenden Ergebnisse: der gefährliche Schadpilz gehört mit hoher Wahrscheinlichkeit in den Verwandtschaftskreis der Röhrlinge und könnte somit aus Sicht der Evolution einer der primitiven Vorfahren von Steinpilz, Rotkappe und Maronenröhrling sein. Man muß zugeben: Die Nachfahren des Hausschwamms haben sich im Vergleich zum Urahn ganz entschieden gebessert!

Tannenstachelbart (*Hericium flagellum*)

Stachelbärte:
ästhetische und pilzfloristische
Juwelen unserer Wälder

Tannenstachelbart
Hericium flagellum (Scop.) Pers.

Ästiger Stachelbart
Hericium coralloides (Scop. : Fr.) Gray emend. Fr.,
Hallenb.

Kennzeichen von *Hericium flagellum*: Fruchtkörper bis 30 cm breit und bis 40 cm hoch, rahmweiß, bestehend aus einem Basisstrunk und daraus korallenartig entspringenden, mehrfach verzweigten Ästen, die in hängende, feine Stacheln auslaufen. Äste kantig, bis 1 cm dick, auf ganzer Länge mit stacheligen Auswüchsen; Astenden unregelmäßig mit hängenden Stacheln besetzt, diese pfriemförmig. Konsistenz weich bis zäh. Fäuletyp: Weißfäule.

Kennzeichen von *Hericium coralloides*: Die Stacheln sind an den Astenden gleichmäßig kammartig angeordnet.

Kennzeichen von *Hericium erinaceus*: Die Vorderseite des Igelstachelbarts ist mit dicht gedrängt stehenden Stacheln bedeckt, wodurch der Pilz ein kugeliges Aussehen erhält. Aus Deutschland sind lediglich 22 Standorte bekannt.

Auch wer sich nicht für Pilze begeistert, wird bei seiner Waldwanderung interessiert stehenbleiben, sobald er einen der großen, stattlichen Stachelbartfruchtkörper entdeckt. Zu auffällig sind die oft leuchtend weißen und seltsam unregelmäßig geformten Gebilde an sterbenden oder toten Bäumen. Die ganze bizarre Schönheit dieser Pilze aber enthüllt sich einem erst beim Nähertreten, denn hier hat die Natur ein Filigrankunstwerk der Extraklasse geschaffen: in Abertausende kleiner, streng lotrecht nach unten weisender Zähnchen ist der gesamte Fruchtkörper zergliedert. Ein riesiger, zu ungezählten Eiszapfen gefrorener Wasserfall im Kleinformat!

Leider findet man die Stachelbärte nur selten in unseren Wäldern. Und das hat schlichtweg wirtschaftliche Gründe. Denn diese Holzabbauer nehmen nicht mit den Stümpfen gefällter Bäume oder mit abgefallenen Ästen vorlieb. Starke Stämme müssen es sein, hier

Ästiger Stachelbart (*Hericium coralloides*)

allein entwickeln sie ihre Fruchtkörper. Und solch starke Stämme haben halt einen viel zu großen finanziellen Wert, als daß man sie den Stachelbärten überlassen wollte. Müssen diese Pilze doch bei einer Taxierung nach Mark und Pfennig eindeutig als „wertlos" eingestuft werden ...

Die Konsequenzen aus diesen simplen Tatsachen blieben unausweichlich. Sie führten schließlich zu einer anderen, nicht finanziell orientierten Taxierung der Stachelbärte: als „stark gefährdet" stehen heute alle drei in Deutschland heimischen Arten auf der Roten Liste. Lebensraum läßt ihnen der Mensch fast nur noch in schwer zugänglichen Gebirgswäldern oder in Naturwaldreservaten.

Doch vorbei sind die Zeiten, in denen der Mensch die Natur als sein alleiniges Eigentum betrachten durfte. Und längst hat uns die Biologie auch gelehrt, daß der Gesang der Vögel, die Farbenpracht vieler Blüten und alles, was wir in der Natur „schön" nennen, bestimmt nicht dazu inszeniert wird, um uns Menschen eine Freude zu machen. Da wird wohl auch die faszinierende Fruchtkörperform der Stachelbärte nicht eben aus Rücksicht auf unser ästhetisches Empfinden kreiert worden sein. Doch welche biologische Notwendigkeit war es, die dieses Kunstwerk hervorbrachte?

Die Pilzwissenschaftler haben hierauf eine einfache Antwort. Bedenken wir dabei, daß die Fruchtkörper eines Pilzes lediglich den Zweck erfüllen, Sporen zu produzieren und zu verbreiten. Die meisten Pilze, auch die Stachelbärte, bilden ihre Sporen dabei an der Oberfläche des Fuchtkörpers, um sie dann problemlos dem Wind zur Weiterverbreitung übergeben zu können. Weitaus die Mehrzahl der Sporen freilich landet nach dieser Luftreise am falschen Ort, der den ökologischen

Ästiger Stachelbart (*Hericium coralloides*)

Ansprüchen der jeweiligen Pilzart nicht gerecht wird.

Es gilt daher, möglichst viele Sporen zu bilden, damit auch eine genügend große Anzahl auf dem richtigen Substrat zu liegen kommt. Die sporenbildende Oberfläche des Fruchtkörpers muß also möglichst groß gehalten werden. Und hierzu bedienen sich die Pilze verschiedener Strategien. Die gebräuchlichsten kennen wir alle: Lamellen, auch „Blätter" genannt, auf der Hutunterseite von Champignon, Fliegenpilz und tausend anderen sog. „Blätterpilzen", senkrechte Röhren an entsprechender Stelle bei den „Röhrlingen" wie Steinpilz und Maronenröhrling und die ganz ähnlich aussehenden Poren unten an den zähen Baumschwämmen, die daher auch als „Porlinge" bezeichnet werden.

Die Stachelbärte zeigen uns eine weitere sehr effektive Möglichkeit der Oberflächenvergrößerung: die Auflösung in viele, viele kleine Stacheln, von denen jeder in reifem Zustand über und über mit sporenbildenden Zellen bedeckt ist. Unsere heimische Pilzflora hat aber noch mehr solcher „Stachelpilze" zu bieten, einige übrigens auch mit der uns bei Pilzen so vertrauten, in Hut und Stiel gegliederten Form. Tragen doch Semmelstoppel- und Habichtspilz auf der Hutunterseite Stacheln statt Lamellen oder Röhren.

Die eigenwillige Form der Stachelbärte können wir rational erklären - der Faszination, die von ihnen ausgeht, tut dies keinen Abbruch. Auch wenn wir diese Faszination wohl kaum so gekonnt auszudrücken imstande sind wie das Kind, von dem uns HERMANN JAHN in seinem schönen Buch „Pilze die an Holz wachsen" berichtet. Angesichts eines Massenvorkommens des Ästigen Stachelbartes auf einem 8 m langen Eichenstamm meldete es: „Da liegt ein Baum und blüht ...".

Habichtspilz

Sarcodon imbricatus (L. : Fr.) Karst.

Hut bis 25 cm breit, gewölbt bis trichterig, mit konzentrischen, breiten, dunkelspitzigen Schuppen bedeckt, dunkel graubraun. Stacheln grauweiß, am Stiel herablaufend, bis 12 mm lang. Stiel bis 10 cm hoch, fest, bräunlich. Geschmack mild, bei älteren Exemplaren bitter.

Der Habichtspilz wächst im Herbst in moosigen Fichtenwäldern und in Kiefernheiden vorwiegend in montanen Regionen und ist gebietsweise noch häufig.

Scharfer Korkstacheling

Hydnellum peckii Banker apud Peck

Fruchtkörper korkartig. Hut bis 6 cm breit, polsterförmig, abgeflacht bis trichterförmig, feinfilzig bis kahl, weiß, später rotbraun, feucht mit roten Tropfen. Stacheln weißlich bis purpurbraun, bis 4 mm lang. Stiel bis 5 cm hoch, zylindrisch bis konisch, voll, weiß bis rotbraun. Geschmack brennend scharf.

Der Scharfe Korkstacheling fruktifiziert im Herbst in moosigen Bergnadelwäldern, selten in Kiefernheiden.

Semmelstoppelpilz

Hydnum repandum L. : Fr.

Hut bis 12 cm breit, konvex bis niedergedrückt, glatt, matt, cremefarben, semmelgelb bis ockerlich. Stacheln bis 6 mm lang, pfriemförmig, weißlich bis cremefarben. Stiel bis 7 cm hoch, zylindrisch, glatt, voll, weiß bis blaßgelb. Fleisch weiß, weich; Geruch angenehm. Eßbar.

Der Semmelstoppelpilz kommt im Herbst in Laub- und Nadelwäldern vor. Oberflächlich betrachtet kann er mit dem Pfifferling verwechselt werden.

Krause Glucke, Fette Henne (*Sparassis crispa*)

Was sucht eine Glucke im Kiefernwald?

Die Krause Glucke oder Fette Henne
Sparassis crispa (Wulfen : Fr.) Fr.

Kennzeichen: Fruchtkörper halbkugelig, kissenförmig oder in Form eines großen Naturschwammes, 10-30 cm lang, 10-20 cm breit und bis 20 cm hoch; Äste wellig, dicht gedrängt aufrecht stehend, abgeflacht, einem fleischigen Strunk entspringend, sich in krause, blattartige, teilweise verwachsene Enden auflösend; Oberfläche glatt, cremefarben, später ocker, im Alter mit braunen Rändern. Konsistenz elastisch, etwas zäh. Geruch angenehm, Geschmack mild. Fäuletyp: Braunfäule.

Bei vielen Menschen scheint dieser Pilz Assoziationen an Haushühner zu erwecken. „Krause Glucke", auch „Fette Henne" sind seine gebräuchlichsten deutschen Namen. „Von weitem gesehen, kann er eine am Kiefernstamm hockende Henne vortäuschen", so lesen wir in einem Pilzbuch.

Etwas treffender, aber weniger gebräuchlich ist der Name „Blumenkohlpilz". Doch lassen wir die Diskussion um Assoziationen und stellen einfach fest: Die Fruchtkörper des Pilzes sind in viele flache, aber gewellte und gekräuselte Äste zerteilt - ein Mittel zur Vergrößerung der sporenbildenden Oberfläche, wie wir es ja schon bei den Stachelbärten kennengelernt haben. Da die Sporen nicht nach oben abgeschleudert werden können, sondern lediglich in Richtung der Schwerkraft abfallen, werden sie übrigens nur auf den nach unten weisenden Seiten der Äste gebildet.

Warum die Henne sich so gerne an Kiefernstämme hockt? Der so harmlos aussehende Pilz ist in Wirklichkeit ein Holzschädling, der vielerlei Nadelbäume, ganz bevorzugt aber eben Kiefern befällt. Daß sich der Pilz vom Kiefernholz ernährt, ist aber oft nicht augenfällig. Denn häufig sitzt der Fruchtkörper am Boden, wenn auch in unmittelbarer Nähe der

Breitblättrige Glucke

Sparassis brevipes Krombh.
Syn.: *Sparassis laminosa* Fr.

Die Breitblättrige Glucke unterscheidet sich von der Krausen Glucke durch weniger dicht und weniger blumenkohlartig stehende Äste und durch keine krausen, verflochtenen Enden.

Diese Art wächst vom Sommer bis Herbst auf Stümpfen und Wurzeln von Laubholz (Buche, Eiche), seltener an Nadelholz (Tanne), und wird in Deutschland als stark gefährdete Art bewertet.

Kiefer. Er steht jedoch immer in unmittelbarem Mycelkontakt mit den Wurzeln des Baumes.

Tatsächlich sind die Wurzeln der bevorzugte Angriffspunkt dieses Parasiten. Die Braunfäule, die er verursacht, kann sich jedoch auch einige Meter hoch im Kernholz des Stammes ausbreiten und dem Forstmann damit erhebliche Gewinneinbußen bescheren, denen dieser natürlich mit einem raschen Fällen des Baumes zuvorzukommen sucht. Das Todesurteil für den Baum bedeutet aber noch nicht das Todesurteil für die Krause Glucke, sie entwickelt auch am zurückgebliebenen Stumpf noch über einige Jahre hinweg Fruchtkörper.

Wesentlich mehr Freude als bei Forstleuten weckt der Fund einer Krausen Glucke bei Speisepilzsammlern. Der Pilz ist nicht nur recht schmackhaft, sondern in der Regel auch sehr ergiebig und war wohl schon häufig der Grund, einen Sammelspaziergang wegen übergroßen Erfolges vorzeitig abzubrechen. Können doch große Exemplare mehrere Kilogramm auf die Waage bringen, und überdies werden sie nicht von Maden befallen.

Ein Wermutstropfen freilich mischt sich bei der Krausen Glucke in aller Regel sehr deutlich in das Finderglück: Wegen seiner stark zergliederten Struktur läßt sich der Fruchtkörper meist nur mühsam und kaum ganz vollständig von den in seinem Inneren oft

recht zahlreich vorhandenen Kiefernnadeln und Humuspartikeln befreien. Eine gewisse „Fremdkörpertoleranz" sollte bei allen Teilnehmern der Mahlzeit gegeben sein.

Wenn sie das Säubern und Zerkleinern glücklich hinter sich gebracht haben, wird's wieder erfreulicher - Kochen ist angesagt.

Unser Rezeptvorschlag:

Glucke im Blätterteig

2 kleingewürfelte Schalotten in reichlich heißer Butter glasig braten und 600 g kleingeschnittenene Krause Glucke zugeben. 4 Eier mit 6 Eßlöffel saurer Sahne sowie Salz verquirlen und nach etwa 5 min in der Pfanne mit dem Pilz verrühren, bis eine lockere Masse daraus geworden ist. Danach frisch geschnittene Petersilie hinzufügen. Blätterteig (am einfachsten 400 g tiefgefrorene Fertigware) in 10-15 kreisrunde Stücke von gut 10 cm Durchmesser schneiden, diese in der Mitte mit der Pilzmasse belegen, am Rand mit Wasser anfeuchten, zusammenklappen, die Ränder gut mit der Gabel zusammendrücken, auf der Oberseite mit verquirltem Eigelb bestreichen und mehrmals einstechen. Auf dem feuchten Backblech ca. 20-25 min bei 180 °C backen und sofort servieren.

„Chinesenpilz" und doch bei uns heimisch: das Judasohr

Auricularia auricula-judae (Bull. : Fr.) Wettst.
Syn.: *Hirneola auricula-judae* (Bull. : Fr.) Berk.

Kennzeichen: Fruchtkörper hauben- bis muschelförmig oder ohrförmig, mit der Rückseite am Substrat angewachsen, 2-8 cm breit und bis 4 cm vom Substrat abstehend; Oberseite eben, fein flaumig, rot- bis olivbraun oder schwärzlich; Unterseite mit dem Hymenium aderig, runzelig, matt bereift, wie Oberseite gefärbt. Konsistenz gallertig, zäh, elastisch, trocken hornartig hart. Fäuletyp: Weißfäule.

Judasohr (*Auricularia auricula-judae*)

Sicher haben Sie schon einmal in einem chinesischen Restaurant gegessen. Gut möglich, daß sie dabei zwischen Bambussprossen und Glasnudeln auch einige Stücke eines schwarzen und lapprigen Etwas auf ihrem Teller entdeckt und verspeist haben. Wenn ja, so dürfen wir Ihnen mitteilen: Sie haben „Mu-erh oder „Mu-Leh" gegessen. Das ist nichts Unanständiges, sondern ein Pilz, der in China sehr beliebt ist. Aus der Sicht mykologischer Systematik dürfte es sich am wahrscheinlichsten um *Auricularia polytricha* oder *Auricularia auricula-judae* gehandelt haben. Und wenn Ihnen die gallertige Konsistenz dieser Fruchtkörper nicht den Appetit verdorben hat, dann sei verraten, daß die letztgenannte Art auch hier in Deutschland zu finden ist. Sie könnten in Zukunft also, so paradox das klingen mag, Ihren Speisezettel mit einem heimischen Naturprodukt fernöstlich bereichern.

„Judasohr" nennt der Volksmund diesen eigenartigen Pilz. Er wächst an Laubholz, und zwar bevorzugt an dem des Schwarzen Holunders, befällt aber nur bereits alte oder deutlich geschädigte Pflanzen. Man kann ihn praktisch das ganze Jahr über entdecken, jedoch ist er nicht in ganz Deutschland gleich häufig, sondern scheint sich in wärmeren Gegenden wohler zu fühlen. Seinen etwas phantasievollen Namen verdankt er der manchmal tatsächlich dem menschlichen Ohr etwas ähnelnden Gestalt, denn die gallertig-häutigen, rotbraunen bis schwarzen Fruchtkörper sind oft von einigen kräftigen Falten durchzogen. Nicht

selten aber haben sie auch die Form von nach unten geöffneten Hauben. An Ohrmuscheln erinnert übrigens auch ihre elastische Biegsamkeit.

Besonders beliebt als Speisepilz war das Judasohr in Europa bislang nie. Allein die Assoziation mit Ohren, die in unserem Kulturkreis ja nun nicht gerade als Leckerbissen gelten, mag ihren Teil dazu beigetragen haben. Inzwischen findet man es jedoch in manchen Geschäften unter dem Namen „Chinesische Morchel", was offenbar wesentlich verkaufsfördernder wirkt als die Bezeichnung „Judasohr". In der Regel handelt es sich dabei um Importe aus Fernost, wo der Pilz in großem

Maßstab gezüchtet wird. Von dort geht er als Trockenware an China-Restaurants in aller Welt. Beim Trocknungsvorgang schrumpfen die sehr wasserhaltigen Fruchtkörper zwar erheblich zusammen, quellen aber - in Wasser gelegt - wieder zu ihrer ursprünglichen Größe auf.

In den durchweg recht würzigen Gerichten, die chinesische Restaurants hierzulande anbieten, wird man wohl immer vergeblich nach der spezifischen Judasohr-Geschmacksnote suchen. Und das dürfte keinen verwundern, der diesen Pilz jemals pur gegessen hat: die schlappen Lappen sind wirklich völlig geschmacklos. Wer sich selbst ein Bild machen will, dem seien sie als Rohkost empfohlen, eine bei Pilzen im allgemeinen mit Vorsicht zu genießende Zubereitungsart; bei gallertigen Arten wie dem Judasohr hat man freilich kaum Verdauungprobleme zu befürchten.

Angesichts dieser Rohkosttauglichkeit sind die Autoren übrigens auch schon auf die Idee gekommen, den sauer angemachten „Mozarella mit Tomaten" in „Mozarella mit Judasohr" abzuändern. Nach einem ersten Test verwenden sie allerdings wieder Tomaten.

Roter Gallerttrichterling

Tremiscus helvelloides (DC. : Fr.) Donk

Fruchtkörper bis 10 cm hoch, ohr- bis tütenförmig, einseitig verlängert und aufgeschlitzt, in eine stielartige Basis zusammengezogen, orange-rosa bis lachs- und braunrot. Fleisch elastisch, gallertig.

Der Rote Gallerttrichterling wächst vom Sommer bis Herbst an schattigen, feuchten Stellen an Wegrändern, unter Gebüschen, meist in Verbindung mit morschem, vergrabenem Holz, bevorzugt kalkhaltige Böden und ist verbreitet.

Zerfließende Gallertträne

Dacryomyces stillatus Nees : Fr.

Fruchtkörper bis 15 mm breit, polster-, knopf- bis linsenförmig, gesellig wachsend und zu großen Gruppen zusammenfließend. Oberfläche glatt bis wellig-runzelig, orange bis hellgelb, im trockenen Zustand dunkel orange; Fleisch gallertig-elastisch und etwas durchscheinend.

Die Zerfließende Gallertträne fruktifiziert das ganze Jahr über auf totem Laub- und Nadelholz, fällt aber nur bei feuchter Witterung auf und ist häufig.

Austernseitling (*Pleurotus ostreatus*)

Austernseitlinge - Delikatesse aus dem Winterwald

Pleurotus ostreatus (Jacq. : Fr.) P. Kumm.

Kennzeichen: Hut 5-20 cm im Durchmesser, jung zungen- bis spatelförmig, konvex, dann muschel- bis fächerförmig und gegen den Stielansatz eingedellt; Oberfläche glatt, seidenmatt, von creme-beigefarben über graulich bis violettbraun oder lilaschwärzlich. Lamellen weiß bis grauweiß. Stiel rudimentär, lateral angewachsen, meist zu mehreren verwachsen, zäh, voll; Oberfläche weißlich zottig-haarig. Fleisch weiß bis grauweiß, zäh. Fäuletyp: Weißfäule.

Wenn Ende Oktober die ersten Nachtfröste der Pilzschwemme des Herbstes ein jähes Ende bereiten, dann motten auch die meisten Pilzfreunde den Sammelkorb wieder ein. Doch gibt es auch im Spätherbst und Winter im Wald noch einige mykologische Entdeckungen zu machen, und das nicht nur für Naturliebhaber, die sich den mehrjährigen Baumporlingen verschrieben haben - nein, auch Speisepilzsammler können jetzt durchaus noch auf ihre Kosten kommen.

Zum schmackhaftesten, was die kalte Jahreszeit zu bieten hat, gehört sicherlich der Austernseitling. Bedeutet der Frost für die Fruchtkörper der meisten Arten den Tod, so läutet er für diesen Pilz erst die Saison ein. Tatsächlich hat man in Experimenten festgestellt, daß es Minustemperaturen sind, die die Fruchtkörperbildung des Austernseitlings induzieren. Klettert dann das Thermometer am Vormittag wieder über die Null-Grad-Marke, so beginnt der Pilz zu sprießen. Erneuter Frost stoppt zwar das Wachstum, kann aber offenbar keinen Schaden verursachen: sobald der Fruchtkörper aufgetaut ist, wächst er weiter.

Leider findet man den Austernseitling in intensiv bewirtschafteten Forsten nicht mehr. Denn der mit seinen seitlichen Stielen recht ungewöhliche Pilz fruchtet in der Natur nur an

Gelbstieliger Zwerg-Muschelseitling (*Sarcomyxa serotina* (Schrad. : Fr.) P. Karst; Syn.: *Panellus serotinus*)

absterbenden oder toten Laubholzstämmen. Und die werden aus den auf höchste Holzproduktion getrimmten Flächen natürlich entfernt, bevor Pilzbefall das Holz entwertet. Am erfolgversprechendsten sind ältere, zurückhaltend oder überhaupt nicht bewirtschaftete Laub- oder Mischwaldbestände, aber auch einzelstehende kranke oder tote Laubbäume.

Hat man den Pilz einmal gefunden, so entschädigt er einen meist reichlich dafür, daß man in „seiner" Jahreszeit nicht mehr aus der Fülle einer Vielzahl eßbarer Arten schöpfen kann. Wächst er doch niemals einzeln, sondern immer in Gruppen übereinanderstehend, so daß ein einziger Fund in der Regel durchaus für eine Familienmahlzeit reicht. Ein über viele Meter hinweg vom Austernseitling besetzter liegender Stamm liefert darüberhinaus sicher auch noch ein paar Portionen für die Gefriertruhe, denn für diese Art der Konservierung eignet sich der frostharte Pilz ganz

hervorragend. Wenn man solch reichen Fund an einem noch stehenden Baum macht, so kann die Freude freilich getrübt sein: nicht selten sitzen die Fruchtkörperreihen unerreichbar hoch.

Leider ist man auch bei einem Pilz von so ungewöhnlicher Gestalt und Wachstumszeit wie dem Austerseitling nicht vor Doppelgängern sicher. Vor allem der als ungenießbar geltende Gelbstielige Zwerg-Muschelseitling (*Sarcomyxa serotina*) kann ihm zum Verwechseln ähneln. Nicht selten finden sich beide Arten sogar zugleich am selben Stamm, denn auch unser Doppelgänger ist ein Spätherbstpilz der Laubhölzer. Das Unterscheidungsmerkmal deutet sich bereits im Namen an: es ist der deutlich gelbe Stiel, überdies finden sich auch am Hut olivgelbe bis olivgrüne Farbtöne.

Wer sich die Zufälligkeiten und Verwechslungsgefahren einer spätherbstlichen Suche nach dem Austernseitling ersparen will, braucht auf den kulinarischen Genuß freilich nicht zu verzichten. Denn der Pilz wird seit Jahrzehnten erfolgreich gezüchtet und macht dem altbekannten Kulturchampignon inzwischen ernste Konkurrenz - und das völlig zurecht.

Die Produktionsbetriebe sind dabei übrigens nicht auf teures Holz als Nahrung für ihre Pilze angewiesen. Denn auch bei den Seitlingen zeigt sich ein bei der Kultur von Pilzen häufiges Phänomen: Viele Arten nehmen hier nämlich mit Substraten vorlieb, an denen sie in der freien Natur nie und nimmer vorkommen. Es ist v.a. der unter natürlichen Bedingungen stets vorhandene starke Konkurrenzdruck, der sie draußen in eine mehr oder minder enge Nische zwingt. In menschlicher Obhut aber wachsen die Seitlinge bereitwillig auch auf Stroh - zur Freude und zum finanziellen Vorteil der Züchter.

Der Genauigkeit halber wollen wir noch anmerken, daß die Fruchtkörper, die Sie beim Kaufmann unter der appetitanregenden Bezeichnung „Austernpilz" oder gar „Kalbfleischpilz" erwerben, keine Austernseitlinge im ganz strengen Sinn sind. Industriell gezüchtet wird nämlich in der Regel ein nah verwandter Pilz, der Löffelförmige Seitling, von der Wissenschaft *Pleurotus pulmonarius* genannt. Er ist meist etwas anders gefärbt als der wirkliche Austernseitling, aber in Zweifelsfällen weder äußerlich noch unter dem Mikroskop sicher von ihm zu unterscheiden, und erst nachdem sich die beiden in Laborversuchen als unkreuzbar erwiesen hatten, akzeptierten die Pilzkundler sie allgemein als zwei verschiedene Arten.

Einen für die Austernpilzerzeuger sehr wichtigen Unterschied gibt es aber doch: Der Löffelförmige Seitling ist kein Spätherbst- und Winterpilz, sondern bevorzugt deutlich höhere Temperaturen, weshalb er manchmal auch als „Sommertyp des Austernpilzes" bezeichnet wird. Mit dem Frost, den sein

Verwandter so unabdingbar benötigt, um Fruchtkörper zu bilden, kann er überhaupt nichts anfangen. Dem Züchter erspart das immerhin den Bau von Gefrierhäusern. In solche müßte man nämlich die myceldurchwucherten Strohsäcke kurzzeitig stellen, hätte man sie mit dem wirklichen Austernseitling beimpft.

Die Austernpilzzucht ist aber nicht nur dem berufsmäßigen Erzeuger vorbehalten. Längst umwirbt der Fachhandel auch den Hobbypilzzüchter, wobei das Angebot von der bloßen „Pilzbrut" (dem auf Getreidekörnern gezogenen Mycel) bis zur Komplettpackung inklusive Strohballen reicht; ja sogar myceldurchwachsene Baumstammstücke gibt es mittlerweile zu kaufen. Und wir können Ihnen versichern: die Pilzgärtnerei macht mindestens genauso viel Freude wie der Anbau von Radieschen oder Tomaten - dies um so mehr, je weniger man sich der Fertigsets bedient, sondern beispielsweise einen im Garten gefällten Laubbaum beimpft. Findet sich für seine Stammstücke ein geeigneter schattiger Platz, so wird er Sie - je nach Holzart - etwa drei bis sieben Jahre lang mit regelmäßigem Fruchtkörperwachstum belohnen. Immerhin 20-30 % der ursprünglichen Holzmasse können Sie so in Form von leckeren Austernseitlingen ernten.

Unser Rezeptvorschlag:

Kartoffelauflauf mit Austernseitlingen

100 g gewürfelten Speck anbraten, 500 g blättrig geschnittene Austernseitlinge und einen Bund fein gehackte Petersilie zugeben, etwa 6 Minuten dünsten und dann mit Salz und Pfeffer würzen.

500 g in dünne Scheiben geschnittene Kartoffeln und die Pilzfarce lagenweise in eine gefettete Auflaufform füllen, 250 g Sahne oder Crème fraîche darübergießen. Den Auflauf im vorgeheizten Backofen bei 200 °C ca. 35 Minuten backen.

Austernseitling

Pleurotus ostreatus (Jacq. : Fr.) P. Kumm.

Hut 5-20 cm im Durchmesser, konvex, dann muschel- bis fächerförmig, gegen den Stielansatz eingedellt; Oberfläche glatt, seidenmatt, von creme-beigefarben über graulich bis violettbraun oder lila-schwärzlich. Lamellen weiß bis grau-weiß. Stiel rudimentär, lateral angewachsen, meist zu mehreren verwachsen, zäh, voll; Oberfläche weißlich zottig-haarig.

Der Austernseitling wächst vom Herbst bis Frühjahr vorwiegend auf Laubholz.

Auf den ersten Blick mag man es kaum glauben, daß der Kräuterseitling ein enger Verwandter des Austernseitlings sein soll, wächst er doch nicht auf Holz, sondern scheinbar am Boden. In Wahrheit aber besiedelt er die absterbenden Wurzeln bestimmter Doldenblütler und ist dabei sehr wählerisch: nur Mannstreu (*Eryngium*), Laserkraut (*Laserpitium*) oder Rutenkraut (*Ferula*) kommen für ihn als Wirt in Betracht.

Kreuzungsversuche haben nun ergeben, daß man beim Kräuterseitling drei Varietäten zu unterscheiden hat, die jeweils an eine dieser Wirtsgattungen gebunden sind.

Diese Varietäten lassen sich im Experiment zwar noch kreuzen, doch zeichnet sich deutlich eine zunehmende genetische Isolation zwischen ihnen ab. Und irgendwann werden aus dem Kräuterseitling schließlich drei Pilzarten entstanden sein, das bedeutet: drei Formen des Lebens, zwischen denen es zu keinerlei genetischem Austausch mehr kommt, die sich also völlig getrennt voneinander weiterentwickeln.

Schon das Aids-Virus hat es uns ja deutlich bewiesen: die Entstehung neuer Spezies war keineswegs nur eine Angelegenheit längst vergangener Erdzeitalter.

Kräuterseitling

Pleurotus eryngii (DC. : Fr.) Quél.

Hut bis 8 cm breit, muschel- bis fächerförmig, matt, trocken, fein filzig-haarig, schmutzig weiß, ocker bis graubraun. Lamellen weiß, später gelb bis orangegelb, am Stiel weit herablaufend. Stiel bis 4 cm hoch, exzentrisch bis lateral, gelbockerlich. Fleisch weißlich, fest, dickfleischig. Geschmack mild.

Der Kräuterseitling fruktifiziert in Mager- und Trockenwiesen auf absterbenden Wurzeln von Doldenblütlern.

Gifthäubling (*Galerina marginata*)

Von guten Speisepilzen und heimtückischen Giftzwergen

Stockschwämmchen
Kuehneromyces mutabilis (Schaeff. : Fr.) Singer &
  A.H. Smith

Gifthäubling
Galerina marginata (Batsch) Kühner

Kennzeichen von *Kuehneromyces mutabilis*: Hut bis 6 cm breit, gewölbt bis ausgebreitet; Oberfläche kahl, klebrig, bei Feuchtigkeit braun, bei Trockenheit kreisförmig um die Mitte herum gelb ausblassend; Rand gerieft. Lamellen zimtbraun. Stiel bis 8 cm hoch, mit hochsitzendem, häutigem Ring; oberhalb des Rings glatt, darunter braunschuppig bis flokkig. Geschmack mild.

Kennzeichen von *Galerina marginata*: Hut bis 5 cm breit, erst halbkugelig, dann gewölbt bis ausgebreitet; Oberfläche schwach klebrig, bei Feuchtigkeit gelbbraun bis zimtbraun mit fein geriefem Rand, beim Eintrocknen von der Mitte her ausblassend. Lamellen lederfarben. Stiel bis 7 cm hoch, zumindest im Jugendzustand mit deutlichem, abstehendem Ring; oberhalb des Rings bereift, unterhalb mit weißen Längsfasern. Geruch und Geschmack mehlartig.

Manche Speisepilzsammler schwören auf das Stockschwämmchen. Bereits ab dem Frühsommer und auch in trockeneren Witterungsperioden, wenn bei Steinpilz und Pfifferling in aller Regel Fehlanzeige gemeldet werden muß, biete sich diese Art als zuverlässiger Garant köstlicher Pilzmahlzeiten an, so schwärmen sie. Tatsächlich besitzt der Pilz ein kräftiges und angenehmes Aroma. Und als weißfäuleerregender Holzbewohner ist er witterungsbedingten Feuchtigkeitsschwankungen weniger stark ausgesetzt als bodenbesiedelnde Arten - das starke Wasserhaltevermögen von weißfaulem Holz läßt die Fruchtkörperbildung auch während regenarmer Sommerwochen zu.

Was viele Freunde des Stockschwämmchens nicht wissen: der Pilz hat einen tödlich giftigen Doppelgänger, der wie das Stockschwämmchen auf Holz wächst und keineswegs selten ist. Erst in neueren Pilzbüchern

Stockschwämmchen (*Kuehneromyces mutabilis*)

wird auf die drohende Verwechslungsgefahr hingewiesen, zugleich bürgert sich im Deutschen nach und nach der Name „Gifthäubling" für das heimtückische Double ein. In älteren Büchern wird die Art unter dem Namen „Nadelholzhäubling" meist lediglich als „ungenießbar" bezeichnet, und manche dieser bejahrteren Werke preisen den Pilz sogar ausdrücklich als „eßbar" an - ein lebensgefährlicher Irrtum!

Die ersten Nachrichten über die Giftigkeit dieses Häublings kamen erst in den sechziger Jahren aus Amerika. Dort hatte man in chemischen Analysen des Pilzes Stoffe gefunden, die man bereits aus anderen Pilzen kannte: Amanitine waren es, die Hauptgifte der Knollenblätterpilze. Ihre Konzentration ist hier zwar etwas geringer als in den allgemein bekannten und gefürchteten Giftpilzen. Simple Berechnungen führen jedoch zu dem

Gifthäubling

Galerina marginata (Batsch) Kühner

Hut bis 5 cm breit, halbkugelig, dann gewölbt bis ausgebreitet; Oberfläche etwas
klebrig, feucht gelb- bis zimtbraun mit
fein gerieftem Rand, beim Eintrocknen
von der Mitte her ausblassend. Lamellen
lederfarben. Stiel bis 7 cm hoch, jung mit
deutlichem, abstehendem Ring; oberhalb
des Rings bereift, unterhalb mit weißen
Längsfasern.

Der Gifthäubling wächst im Herbst auf
morschem Laub- und Nadelholz.

Stockschwämmchen

Kuehneromyces mutabilis (Schaeff. : Fr.)
    Singer & A.H. Smith

Hut bis 6 cm breit, ausgebreitet; Oberfläche kahl, klebrig, feucht braun, trocken
um die Mitte herum gelb ausblassend;
Rand gerieft. Lamellen zimtbraun. Stiel
bis 8 cm hoch, mit hochsitzendem, häutigem Ring; oberhalb des Rings glatt,
darunter braunschuppig bis flockig.

Das Stockschwämmchen fruktifiziert in
dichten Büscheln auf Laub- und Nadelholzstümpfen vom Frühjahr bis Herbst.

nüchternen Ergebnis, daß in der Regel bereits
eine kaum sättigende Portion von 150 g Gifthäubling ausreicht, um einen erwachsenen
Menschen begräbnisreif zu machen.

Ein bislang ziemlich unverdächtiges Pilzchen
war damit plötzlich als einer der gefährlichsten Giftpilze entlarvt, und zwar nicht durch
einen spektakulären Vergiftungsfall, sondern
nur mit Hilfe laborchemischer Nachweisme-
thoden. Dennoch dürfte der Gifthäubling bereits Menschenleben auf seinem Pilzgewissen
haben, und auch manch ungeklärte Vergiftung
nach vermeintlichen Stockschwämmchen-
mahlzeiten ist vermutlich bei dieser Art zu
verbuchen.

Wenn solche Vergiftungsfälle trotz allem recht
selten sind, so haben wir uns bei der geringen
Größe der Gifthäublingfruchtkörper zu bedan-
ken, die das Sammeln für die Küche im
Gegensatz zum meist deutlich größeren
Stockschwämmchen unrentierlich machen.

Aber Vorsicht: die Größenspektren beider
Arten überschneiden sich, so daß auch gute
Pilzkenner manchmal darüber rätseln, ob sie
nun an große Gifthäublinge oder kleine Stockschwämmchen geraten sind. Denn die beiden
Arten können sich, obwohl nach mykologischer Systematik nicht näher miteinander ver-
wandt, außerordentlich ähnlich sehen. Und
die Übereinstimmung reicht bis in die Details:

Graublättriger Schwefelkopf

Hypholoma capnoides (Fr. : Fr.) Kummer

Hut bis 6 cm breit, gewölbt, glatt, trokken, gelb- bis orangebraun. Lamellen blaß gelb, dann rauchgrau bis grauviolett. Stiel bis 8 cm hoch, blaß gelb, gegen Basis rotbraun. Geschmack mild. Eßbar, kann aber mit dem giftigen Grünblättrigen Schwefelkopf mit bitterem Geschmack verwechselt werden.

Der Graublättrige Schwefelkopf wächst büschelig vom Frühjahr bis Herbst auf Nadelholzstümpfen und ist häufig.

der beringte Stiel, der rostfarbene Sporenstaub, die im feuchten Zustand fuchsigbraune Farbe des Hutes, die beim Antrocknen von der Mitte her und mit scharfer Abgrenzung nach blaß ocker wechselt, all das charakterisiert den einen wie den anderen Pilz.

Das beste makroskopische Unterscheidungsmerkmal liefern die Schüppchen, die das Stockschwämmchen unterhalb des Rings an seinem Stiel trägt, während der Gifthäubling hier nur silbrig überfasert ist. Wer ein gutes Mikrokop besitzt, kann überdies die glatten Sporen des Stockschwämmchens zuverlässig von den fein warzig ornamentierten seines Doppelgängers unterscheiden. Das Substrat des Pilzes dagegen bietet keine Hilfe. Niemand lasse sich von dem alten Namen „Nadelholzhäubling" zu der Annahme verführen, der Gifthäubling komme niemals auf Laubholz vor, so daß hier eine Verwechslung mit dem vornehmlich laubholzbewohnenden Stockschwämmchen ausgeschlossen wäre. Der irreführende und langsam außer Gebrauch kommende Name rührt lediglich daher, daß man auf Laubholz wachsende Gifthäublinge früher mit einem besonderen Namen bedachte. Vermutlich gehören sie jedoch zur selben Art.

Sollten Sie, liebe Leserin, lieber Leser, bisher zu den Stockschwämmchen-Gourmets gehört haben, die noch nichts vom Gifthäubling wußten? Unser Tip: Suchen Sie doch einmal gezielt nach dem kleinen Giftzwerg, bis Sie ihn sicher erkennen - er ist wirklich ziemlich häufig! Und vielleicht verzichten Sie bis dahin auf eine Stockschwämmchen-Mahlzeit.

Danach freilich können Sie es sich wieder schmecken lassen.

Unser Rezeptvorschlag:

Stockschwämmchen-Suppe

Hüte von etwa 300 g Stockschwämmchen kleinschneiden, mit einem Bund kleingehackter Petersilie und einer kleingehackten Zwiebel in 60 g Butter solange dünsten, bis die Flüssigkeit fast verdampft ist. Dann mit 60 g Grieß überstäuben und hell anbräunen lassen, anschließend mit 1 l Fleischbrühe ablöschen und mit Salz und Pfeffer abschmecken.

Nun die Suppe etwa 15 Minuten leicht kochen lassen und vor dem Servieren mit Sahne verfeinern.

Hallimasch (*Armillaria mellea*)

Von Förstern gefürchtet, doch von vielen Pilzsammlern geliebt: der Hallimasch

Armillaria mellea (Vahl. : Fr.) P. Kumm. sensu lato

Kennzeichen: Hut bis 12 cm breit, gewölbt bis ausgebreitet, gelb- bis graubraun, mit hellen bis dunklen Schuppen bedeckt, Rand oft gerieft. Lamellen weißlich bis blaß rotbraun. Stiel bis 15 cm hoch und bis 2 cm im Durchmesser, zylindrisch, weißlich bis bräunlich; Ring meist stark ausgeprägt, wattig, unterseits und am Rand mit gelben oder bräunlichen Schuppen, büschelig miteinander verwachsen. Fleisch blaß bräunlich. Fäuletyp: Weißfäule

... Als er aber heym gehen wollt deß nachts durch den Wald, so saßen drey feurig Hunt am Weg ...

Sagen über das Auftauchen feuriger Hunde, Männer oder Pferde im nächtlichen Wald gibt es wohl zu Tausenden. Und es mag sein, daß ein Teil dieser schaurigen Geschichten seine Entstehung einem vielen Pilzsammlern wohlbekannten und tagsüber so gar nicht unheimlichen Pilz verdankt: dem Hallimasch.

Biolumineszenz, so nennt die Wissenschaft Leuchterscheinungen bei Lebewesen. Ob Glühwürmchen, Meeresleuchten oder feurige nächtliche Waldgeister, ob Faszination oder Entsetzen, von jeher wurden die Menschen vom Erlebnis einer solchen Leuchterscheinung tief berührt. Eigentlich ist Biolumineszenz im allgemeinen aber durchaus kein seltenes Phänomen, freilich eher in den Tropen, v.a. aber in der Tiefsee anzutreffen. Uns Mitteleuropäern bescheren dagegen wesentlich weniger einheimische Organismenarten dieses Schauspiel. Und zu diesen gehört eben der Hallimasch.

Allerdings sind es nicht seine Fruchtkörper, die leuchten, und darin liegt wohl auch der Grund, daß diese Eigenheit des Hallimasches bei uns so wenig bekannt ist. Die Fähigkeit zur Biolumineszenz hat vielmehr v.a. das Mycel, das unsichtbare, feine Fadengeflecht des Pilzes, mit dessen Hilfe er das Holz durchwuchert, zersetzt und schließlich als Nahrung aufnimmt. Und so geht in dunklen, feuchtwarmen Nächten von manchem morschen und modrigen Holz ein geheimnisvolles Leuchten aus ...

Bei Tage verliert sich dieses geisterhafte Wesen des Hallimasches, und der Pilz entpuppt sich als handfester und gefürchteter Forstschädling. Auch wenn man die Fruchtkörper am häufigsten an Stümpfen, also totem Holz findet: der Hallimasch kann sehr wohl lebende Bäume befallen. Und gerade die besiedelten Stümpfe sind ein gefährlicher Infektionsherd, von denen aus der Pilz in der Erde weiter zu benachbarten Bäumen wächst, in die er über die Wurzeln eindringt und sie schließlich abtötet.

Tatsächlich scheint eines der Erfolgsrezepte des Hallimasches darin zu bestehen, daß er sich bei der Ausbreitung nicht wie die meisten Pilze allein auf seine Sporen verläßt. Eine sehr wichtige Rolle scheinen die regelmäßig gebildeten, oft meterlangen, zähen, außen glänzend schwarzen, innen weißen, als „Rhizomorphen" bezeichneten Mycelstränge zu spielen. Mit ihrer Hilfe wird der fatale unterirdische Kontakt zu lebenden Bäumen hergestellt, und auch unter der Rinde befallener Stämme findet man diese Rhizomorphen. Eine gute Möglichkeit für Forstleute, einen Hallimasch-Befall zu diagnostizieren, auch wenn weit und breit kein Fruchtkörper des Pilzes zu sehen ist!

Was des Försters Leid, ist so manchem Pilzsammlers Freud. So ganz reinen Gewissens kann man den Hallimasch als Speisepilz allerdings nicht empfehlen. Während die meisten Zeitgenossen ihn in abgekochtem Zustand gut vertragen, reagieren manche Menschen mit Magen-Darm-Störungen auf seinen Genuß. Bei nicht ganz so empfindlichen Pilzfreunden wirkt der Hallimasch oft schlicht verdauungsfördernd. Das soll ihm übrigens auch seinen Namen eingebracht haben. Denn angeblich bedeutet die aus den österreichischen Alpen stammende Bezeichnung nichts anderes als „Heil im Arsch", und nach solchem Heil sehnt sich bekanntlich so manch hartleibiger Zeitgenosse.

Wem der Hallimasch gut bekommt und schmeckt, der braucht sich im Herbst in aller Regel keine Sorgen um eine reich gedeckte Pilztafel zu machen: gerade im Oktober fruchtet der Hallimasch oft massenweise in großen Büscheln. Die Stiele freilich sind recht zäh und sollten daher nicht in den Kochtopf wandern.

Allen, die ihre „Hallimaschtauglichkeit" unbedingt einmal erproben wollen, legen wir dringend ans Herz, die Pilze gründlich zu garen, was etwa in Form eines Ragouts mit Speck und Zwiebeln geschehen könnte.

Entschieden sei vor Experimenten gewarnt, den Hallimasch für Rohkostsalate zu verwenden. In rohem Zustand muß er als Giftpilz eingestuft werden, der oft heftiges Bauchgrimmen verursacht. Doch auch wenn dem nicht so wäre, man hätte am ungegarten Hallimasch keine reine Freude: er hat einen eigentümlichen, herben, zusammenziehenden Geschmack, der jedoch beim Kochen völlig verschwindet.

Was uns Menschen den Appetit verdirbt, kann für manche Tiere aber offenbar durchaus schmackhaft sein. In einer neueren Arbeit über die Pilze des Nationalparks Bayerischer Wald findet sich der Hinweis: „Mehrmals konnten in Ästen zum Trocknen aufgehängte Pilzfruchtkörper von *Armillaria* beobachtet werden, die auf Eichhörnchen als Konsumenten hinweisen". Wohl bekomm's!

Tiegelteuerling (*Crucibulum laeve*)

Der Tiegelteuerling - Vogelnest, Brotkorb und Inflationsbarometer in einem

Crucibulum laeve (Huds.) Kambly

Kennzeichen: Fruchtkörper jung kugelig bis eiförmig, dann tonnen- bis tiegelförmig, 5-10 mm hoch und bis 8 mm breit, jung geschlossen mit einem gelben bis ockerfarbenen, kleiigen Deckel, der bei Reife aufreißt. Außenseite weißlich bis gelb, später braun bis schwarzbraun und filzig. Innenseite cremefarben bis ockerlich, glatt; am Grund des Bechers mit bis zu 15 linsenförmigen, 1-1,5 mm großen Peridiolen, die an einem Faden nabelschnurartig befestigt sind.

Uns modernen Menschen wird die für das kommende Jahr zu erwartende Inflationsrate alljährlich, mal ziemlich genau, mal weniger genau, von den „fünf Weisen" vorhergesagt. Den Menschen früherer Zeiten standen solche mit großem statistischen Aufwand berechnete Prognosen natürlich nicht zur Verfügung. Doch sie hatten andere Mittel, mit deren Hilfe

sie über den Wertverfall ihres guten Geldes spekulieren konnten - z.B. einen kleinen Pilz. Diesen Pilz gibt es natürlich auch heute noch, doch als Inflationsbarometer steht er uns jetzt nicht mehr zur Verfügung. Warum nicht? Einfach weil wir nicht mehr daran glauben!

Vielen unserer Vorfahren war es selbstverständlich, daß in jeder Naturerscheinung eine Botschaft überirdischer Mächte zum Ausdruck kam. Und diese Pilze sehen wirklich aus wie kleine, mit Geldstücken gefüllte Schüsseln. Die Zahl der enthaltenen Geldstücke ist allerdings nicht konstant, und das mußte doch irgendeine Bedeutung haben: Viele Münzen im Tiegel wiesen sicher auf bevorstehende Teuerungen hin! Und so bekam die Art den etwas seltsamen Namen Tiegelteuerling.

Allerdings scheinen es vorwiegend die Deutschen gewesen zu sein, die beim Anblick dieses und ähnlicher Pilze gleich ans liebe Geld

Gestreifter Teuerling

Cyathus striatus (Huds.) Wied

Fruchtkörper kreiselförmig, bis 12 mm breit, weißer häutiger Deckel bei Reife aufreißend und Öffnung freigebend. Außenseite striegelig, zottig, dunkelbraun, Innenseite graubraun und vertikal gerieft-gestreift, am Grund mit 12-16 linsenförmigen Peridiolen.

Der Gestreifte Teuerling wächst vom Sommer bis Herbst am Boden auf Pflanzenresten wie morschen Ästchen, Blättern und Nadeln und ist verbreitet.

dachten. Andere Nationen ließen sich bei der Namensgebung von weniger wirtschaftlich orientierten Vergleichen leiten: „Brödkorgsvampar" (Brotkorbpilze) heißen sie in Schweden, „bird's nest fungi" (Vogelnestpilze) in England.

Für die aufgeklärten Menschen von heute hat die Biologie natürlich auch eine ganz andere Interpretation dieser eigenartigen Fruchtkörper parat. Demnach gehört die Art zu den „Bauchpilzen", die so genannt werden, weil sie ihre Sporen nicht wie die Mehrzahl der Pilze auf der Außenseite der Fruchtkörper, sondern in ihrem Inneren, sozusagen „im Bauch" bilden. Erst am Ende öffnet sich der Fruchtkörper - bei unserem Tiegelteuerling reißt hierzu der ockergelbe „Deckel" auf - und entläßt die reifen Sporen.

Die Besonderheit der Teuerlinge besteht nun darin, daß sie ihre Sporen nicht einzeln auf die Reise schicken, sondern in Form von Paketen. Die Münzen im Tiegel sind nichts anderes als diese Pakete - „Peridiolen" nennt sie der Mykologe. Solange die Sporen noch nicht voll entwickelt sind, stehen die Peridiolen mit dem Fruchtkörper durch eine Art Nabelschnur in Verbindung, die sich bei der Reife ablöst und an diesen Paketen hängenbleibt.

Auf den ersten Blick erscheint dieser „Gemeinschaftsversand" unsinnig, denn die mün-

zenartigen Gebilde erreichen immerhin Millimetergröße und werden aus dem Grund des Tiegels wohl kaum vom Wind verblasen. Eher wird sie ein kräftiger Regentropfen, der zufällig in den Fruchtkörper fällt, einige Dezimeter weit herausschleudern. Nun aber kann die ehemalige Nabelschnur erneut in Aktion treten: Mit der nötigen Portion Glück bleiben die Peridiolen dank der klebrigen Oberfläche dieser Fäden an benachbarten Pflanzen hängen. Wenn die Verpackung schließlich aufreißt, haben sie so eine hervorragende Ausgangsposition für die Weiterverbreitung durch den Wind.

Sie haben diesen Pilz noch nie gesehen? Dabei ist es gut möglich, daß er z.B. in Ihrem Garten oder sonst irgendwo in ihrer unmittelbaren Umgebung wächst. Denn die Art ist zum Kulturfolger des Menschen geworden und findet sich häufig in und um unsere Städte und Dörfer. Sie besiedelt alle möglichen faulenden organischen Substrate, gerne kleine Holz- und Rindenstückchen, aber auch Stroh, alte Säcke, Pappkartons und vieles mehr.

Freilich: Ins Auge springt einem das Pilzchen nicht gerade, mißt es doch meist weniger als 1 cm im Durchmesser. Man muß schon gezielt nach ihm suchen! Hochsommer und Herbst sind hierfür übrigens die erfolgversprechendsten Zeiten. Pünktlich im Oktober erscheint dann das Gutachten der Fünf Weisen ...

Lebensfähig nur auf Kosten anderer:
Pilze als obligate Parasiten

Von Kornzapfen, Geburtshilfe und dem Isenheimer Altar

Der Mutterkornpilz
Claviceps purpurea (Fr. : Fr.) Tul.

Kennzeichen: Fruchtkörper in Kopf und Stiel gegliedert, Kopfteil rundlich bis abgeflacht, bis 3 mm im Durchmesser, orange- bis orange-gelb, dunkler punktiert (Perithecien-Mündungen); Stiel zylindrisch, rötlich-braun, bis 15 mm hoch, dem schwärzlichen, gerieften, oft etwas gebogenem Sklerotium aufsitzend.

Wußten Sie, daß die Entstehung des berühmten Isenheimer Altares von MATTHIAS GRÜNEWALD auf einen Pilz zurückgeht? Nein? Nun, es ist auch nur ziemlich klein und unauffällig, dieses Pilzchen. Mutterkorn, so heißt es, und hat schon ein gerüttelt Maß Unglück über die Menschheit gebracht, ihr aber andereseits auch bereits manch guten Dienst geleistet. Wohl dürfen wir es auch zu den positiven Seiten des Pilzes zählen, daß der Isenheimer Altar auf seine Rechnung geht - womit wir die Verdienste von Meister Mathis natürlich keineswegs schmälern wollen. Aber lassen Sie uns der Reihe nach erzählen:

Das Mutterkorn lebt ausschließlich als Parasit auf verschiedensten Grassorten, darunter auch Getreidearten, wobei es v.a. den Roggen bevorzugt. Hier infiziert es die Fruchtknoten einzelner Blüten der Ähre, also just die Teile der Pflanze, aus denen ja eigentlich später das reife Korn entstehen soll. Daraus wird in den infizierten Blüten freilich nichts, denn dort macht sich unser Pilz über das Fruchtknotengewebe her. Und schließlich trifft er auch noch Vorbereitungen, den kommenden Winter gut zu überstehen: wenn in gesunden Blüten die Körner reifen, wächst aus den befallenen ein längliches, schwarzes Gebilde. Es ist das eigentliche Mutterkorn, das dem gesamten Pilz seinen Namen gab, ein „Sklerotium" genanntes Überdauerungsorgan, das schließlich abfällt und am Erdboden überwintert. Im nächsten Jahr dann, pünktlich zur Zeit der Gras- bzw. Getreideblüte, sprießen daraus kleine Pilzchen hervor, in deren Köpfchen eine Vielzahl fädiger Sporen entsteht. Und wenn das Glück ihnen hold ist, dann trägt sie der Wind auf irgendeine der nun allgegenwärtigen fedrigen Narben der Grasblüten, wo sie auskeimen und eine neue Runde im Lebenszyklus des Parasiten einläuten.

Was unseren Pilz zum Schadpilz macht, ist freilich weniger der Ernteausfall, der entsteht, wenn im Spätsommer aus einer Roggenblüte ein Mutterkorn statt eines Getreidekorns heranreift. Sind es doch in der Regel nur einzelne der vielen Blüten eines Roggenhalmes, die befallen werden, während die Entwicklung der Nachbarblüten seinen normalen Gang geht. Gefährlich wird es aber, wenn die Mutterkörner in zu großer Zahl in die Getreideernte, dann ins Mehl und schließlich ins Brot gelangen. Denn so ein Mutterkorn enthält eine beträchtliche Menge an Alkaloiden, die nach dem französischen Namen des Mutterkorns unter dem Begriff Ergot-Alkaloide zusammengefaßt werden. Gerade im Mittelalter kam es nicht selten zu wahren Massenvergiftungen durch mutterkornverseuchtes Mehl.

Ergotismus, die chronische Mutterkornvergiftung, trat in zwei verschiedenen Formen auf. „Kriebelkrankheit", so nannten die Menschen des Mittelalters, was die Wissenschaft heute als konvulsivischen Ergotismus bezeichnet. Sie begann mit unerträglichem Kribbelgefühl an Händen und Füßen, das sich über den ganzen Körper ausbreitete, darauf folgten schmerzhafte Muskelkrämpfe, schließlich epilepsieartige Erscheinungen und nicht selten Verblödung.

Grundsymptom der zweiten Form der Mutterkornvergiftung, des gangränosen Ergotismus,

Sklerotium vom Mutterkornpilz (*Claviceps purpurea*)

war eine ernste Schädigung der Blutgefäße v.a. in den Extremitäten: unter brennenden Schmerzen verfärbte und löste sich die Haut an Fingern und Zehen, Händen und Füßen, welche in schweren Fällen auch ganz abfielen, wenn nicht der Tod dem zuvorkam. V.a. im elften und zwölften Jahrhundert war diese unter dem Namen „heiliges Feuer" oder „höllisches Feuer" bekannte Krankheit eine der gefürchtetsten Geißelungen der Menschheit.

Natürlich suchten die Menschen Hilfe und Trost in der Religion. Gerade der heilige Antonius schien in dieser Sache ein machtvoller Anwalt der Kranken zu sein. Mußte er doch ähnliches durchgemacht haben in der Wüste, wo er als Einsiedler von Dämonen aufs schrecklichste gequält worden war, sie schließlich jedoch besiegt hatte. Um 1095 wurde am Grab des Heiligen in der Dauphiné eine Ordensbruderschaft gegründet, die sich der Pflege speziell der an diesem Brand Lei-

denden verschrieben hatte und sich den im Leben vielgeplagten Einsiedler zum Patron wählte. „Antoniter", so nannte man die Mönche, und die furchtbare Krankheit, der sie den Kampf angesagt hatten, bald schon „Antoniusfeuer".

Was der Isenheimer Altar damit zu tun hat? Er entstand als Auftragsarbeit des Antoniterkonvents in Isenheim für die dortige Klosterkirche, und es ist sicher kein Zufall, daß Grünewald in der berühmten Kreuzigungsdarstellung das Leiden Christi mit nicht zu überbietender, geradezu grausamer Eindringlichkeit darstellt. Und auch wenn die Antoniter zum Zeitpunkt der Altarentstehung ihr Aufgabengebiet bereits auf die Bekämpfung anderer Krankheiten ausgedehnt hatten: die Mutterkornvergiftung, das Antoniusfeuer, es ist konkret zugegen, am rechten Flügel der innersten Schauseite des Altars, der die höllischen Qualen des Antonius zeigt. Frißt hier nicht ein

96

reptilartiges Wesen mit seinem Vogelschnabel an den Fingern der rechten Hand des Heiligen? Ist nicht die Hand am emporgereckten Arm der schmerzverzerrten Gestalt links unten völlig verstümmelt?

Gegen Ende des sechzehnten Jahrhunderts, an dessen Beginn auch der Isenheimer Altar entstand, setzte sich langsam die Einsicht durch, daß zwischen den großen, aus der Ähre hervorstehenden, schwarzen Körnern des Roggens und dem Antoniusfeuer ein ursächlicher Zusammenhang bestand. Gesetze sorgten nun dafür, daß der Genuß von Brot nicht mehr zum tödlichen Verhängnis werden konnte. Heute freilich machen Fungizide dem Mutterkorn schon lange vor der Ernte den Garaus.

Das sechzehnte Jahrhundert wußte im übrigen auch bereits um die positiven Wirkungen des Mutterkorns. Als erster gibt uns darüber ADAM LONITZER in seinem „Kreuterbuch" von 1582 Bescheid:

Von den Kornzapffen / Latinè Clavi Siliginis: Man findet offtmals an dè ähren deß Rockens oder Korns lange schwarze harte schmale Zapffen / so beneben und zwischen dem Korn / so in den ähren ist / herauß wachsen / und sich lang herauß thun / wie lange Neglin anzusehen / seind innwendig weiß / wie das Korn / und seind dem Korn gar unschädlich.

Solche Kornzapffen werden von den weibern für ein sonderliche hülffe unnd bewerte Arzney fürdz auffsteigen un wehthumb der Mutter gehalten / so man derselbigen drey etlich mal einnimpt und isset.

Die Geburtsheilkunde hat das Mutterkorn auch heute keineswegs vergessen. Eigens angelegte Roggenfelder werden zu seiner Gewinnung mit einer Sporensuspension des Pilzes beimpft. Das Deutsche Arzneibuch führt es unter dem Namen *Secale cornutum*, „gehörnter Roggen" - übrigens als einzige bis heute amtlich anerkannte Pilzdroge!

Noch ein kleines Detail sollten wir nicht ganz außer Acht lassen, wenn es um die Bedeutung unseres Mutterkornpilzes für den Menschen geht. Es war im Jahr 1943, als der Baseler

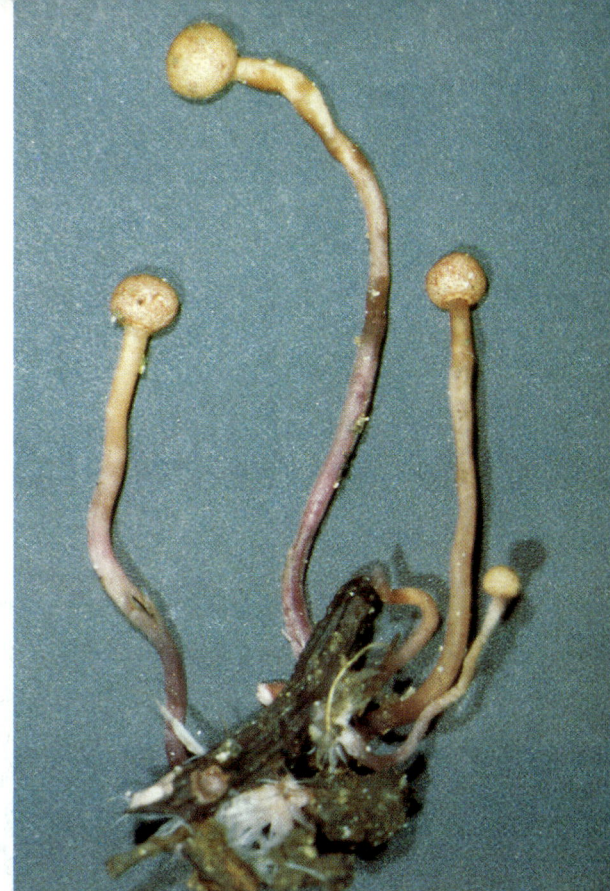

Fruchtkörper des Mutterkornpilzes

Chemiker ALBERT HOFMANN aus dem Grundbaustein der Ergot-Alkaloide, der Lysergsäure, ein relativ einfaches Derivat, das Lysergsäuredimethylamid, abgekürzt LSD herstellte. Der bereits in extrem geringer Dosierung zu tiefen Rauschzuständen führende Stoff erlangte in der experimentellen Psychiatrie schnell den Ruf eines Wundermittels. Freilich, es blieb bekanntlich nicht bei der psychiatrischen Anwendung. „Lucy in the Sky with Diamonds" sangen die Beatles 1967, und die drei Großbuchstaben des Titels ließen keinen Zweifel darüber, wem mit dem voller Irrealitäten steckenden Liedtext gehuldigt werden sollte. 1979 erschien Hofmanns Buch „LSD - Mein Sorgenkind"...

97

Die Versuchung des hl. Antonius (Isenheimer Altar, rechter Flügel der 2. Öffnung): Der hl. Antonius („der Wüstenvater") galt wegen der ihm zugefügten Höllenqualen als Schutzheiliger gegen das vom Mutterkornpilz verursachte Antoniusfeuer. Auch die Krankheit selbst dürfte in diesem Bild dargestellt sein, vor allem mit dem brandigen linken Arm der leidenden Gestalt links unten.

Aeciosporen des Getreiderostes (*Puccinia graminis*) auf Berberitzen-Blatt (*Berberis vulgaris*)

Das verwickelte Leben des Getreiderostes, und was die Berberitze und Puccini damit zu tun haben

Puccinia graminis Pers. : Pers.

1755 beschloß man in Massachusetts, damals noch nicht USA, dem Sauerdorn, auch Berberitze und im Englischen „Barberry" genannt, per Gesetz den Garaus zu machen:

Be it therefore enacted by the Governour, Council, and House of Representatives, that whoever, whether community or private person, hath any Barberry Bushes standing or growing on his or their Land, within any of the Towns of this Province, he or they shall cause the same to be extirpated or destroyed on or before the thirteenth Day of June Anno Domini One Thousand Seven Hundred and Sixty.

Es blieb nicht bei diesem Einzelfall. Auch anderswo erklärte man den Strauch mit den gelben Blütentrauben zur unerwünschten Pflanze. Bauern waren es, die erkannt hatten, was die Botaniker noch jahrzehntelang nicht recht glauben wollten: von diesem Strauch aus wurde ihr Getreide mit dem gefürchteten Getreiderost, dem sog. Schwarzrost infiziert. Und es dauerte weitere Jahrzehnte, bis die Botaniker schließlich den Lebenszyklus dieses Parasiten aufgeklärt hatten.

Zugegeben, dieser Lebenszyklus ist auch ganz schön kompliziert. Während sich die meisten Pilze damit begnügen, eine einzige oder zumindest nicht mehr als zwei Formen von Sporen zu bilden, sind es beim Getreiderost stolze fünf. Und während ein „normaler" Pilz sein ganzes Leben auf ein und demselben Substrat fristet, muß es beim Getreiderost während eines Teils seines Lebens ein Gras, also beispielsweise ein Getreide sein, in einer anderen Lebensphase dagegen unbedingt eine Berberitze.

Dürfen wir Sie dennoch zu einer Exkursion ins Rostpilzleben einladen? Wir können Ihnen keine simpel unterhaltsame Lesekost versprechen, dafür aber einen faszinierenden Blick auf das, was Leben auch sein kann - weitab von unserer alltäglichen Erfahrung.

Beginnen wir unseren Exkurs im Frühling. Der Getreiderost hat den vergangenen Winter auf alten, welken Gras- bzw. Getreideblättern überstanden, und zwar in Form von Sporen, denen dank ihrer dicken Zellwände weder Kälte noch Trockenheit etwas anhaben konnten. Teliosporen nennt man sie. Jetzt, wo es darauf ankommt, von den toten Resten der vorjährigen Gräser aus wieder neue, lebende Wirtspflanzen zu finden, haben diese Teliosporen mit ihren dicken Wänden aber einen entscheidenden Nachteil: sie sind zu groß und schwer, um vom Wind verfrachtet zu werden. Deshalb keimen sie an Ort und Stelle aus, jedoch nicht, um ein neues Hyphengeflecht zu etablieren, sondern einzig, um sofort zwei Basidien zu bilden - die typischen sporenbildenden Organe der Basidienpilze, zu denen folglich auch der Getreiderost gehört.

An den Basidien werden denn auch gleich anschließend die Basidiosporen gebildet, womit wir schon den zweiten Sporentyp unseres Rostes kennenlernen. Kleine, dünnwandige Zellen sind es, die, sobald sie reif sind, von der Basidie in die Luft abgeschleudert und vom Wind verweht werden. Aber noch ein weiterer und äußerst wichtiger Unterschied besteht zwischen Basidio- und Teliospore, und der betrifft die Zahl der Zellkerne, in denen ja die Erbinformation eines Lebewesens gespeichert ist. Waren es in der Teliospore zunächst zwei Kerne pro Zelle, so ist es in der Basidiospore nur noch einer!

Warum das so wichtig ist? Aus irgendwelchen Gründen ändern sich mit der Zahl der Kerne pro Zelle auch die ökologischen Ansprüche des Rostes grundlegend. Denn obwohl der Pilz bisher auf einer Gras- oder Getreide-pflanze lebte, haben die vom Wind wiederum auf Getreideblätter verblasenen einkernigen Basidiosporen keinerlei Chance, hier zu keimen und ihr Mycel zu bilden. Nein, ein Berberitzenblatt muß es sein, nur hier kann der Lebenszyklus des Getreiderosts weitergeführt werden. Wirtswechsel nennt man dieses eigenartige Phänomen.

Im Berberitzenblatt entwickelt sich nun endlich ein Mycel des Rostes, das den Blattzellen Nahrung entnimmt, ohne sie jedoch gleich zu töten. Wie die Basidiosporen, aus denen es entstanden ist, besitzt auch dieses Mycel nur einen Kern pro Zelle. Und von diesem Mycel ausgehend wird schließlich auch das gebildet, was man etwas salopp und ungenau als die männlichen und weiblichen Geschlechtsteile unseres Rostpilzes bezeichnen könnte. Wobei die beiden Arten von Geschlechtsteilen übrigens züchtig getrennt sind: die männlichen findet man ausschließlich auf der Blattoberseite, die weiblichen auf der Unterseite.

Bleiben wir zunächst auf der Oberseite. In gelblichen Pusteln werden dort große Mengen an (einkernigen) sogenannten Spermatien gebildet - unser Sporentyp Nr. 3 - die lediglich dazu bestimmt sind, in das „weibliche Geschlechtsorgan" auf der Unterseite eines anderen Berberitzenblatts zu gelangen. Um dies zu erreichen, bedient sich der Rostpilz zweier Tricks. Zum einen sondert er bei der Spermatienbildung Nektar aus, um, ganz wie unsere Blütenpflanzen auch, Insekten als Überträger anzulocken. Aber auch der weibliche Teil auf der Unterseite bleibt nicht untätig: Mit sogenannten Empfängnishyphen wächst er zur Oberfläche durch und auf eventuell in der Nähe liegende, von anderen Blättern hierher gelangte Spermatien zu.

Einfacher wird die Sache freilich, wenn zwei verschiedene Mycelien sich im selben Berberitzenblatt begegnen. Sie können nämlich unter bestimmten Voraussetzungen direkt miteinander verschmelzen, so daß sich eine Spermatienübertragung erübrigt. Doch gleichgültig wie der Geschlechtskontakt schließlich zustande gekommen ist, er ist die Voraussetzung

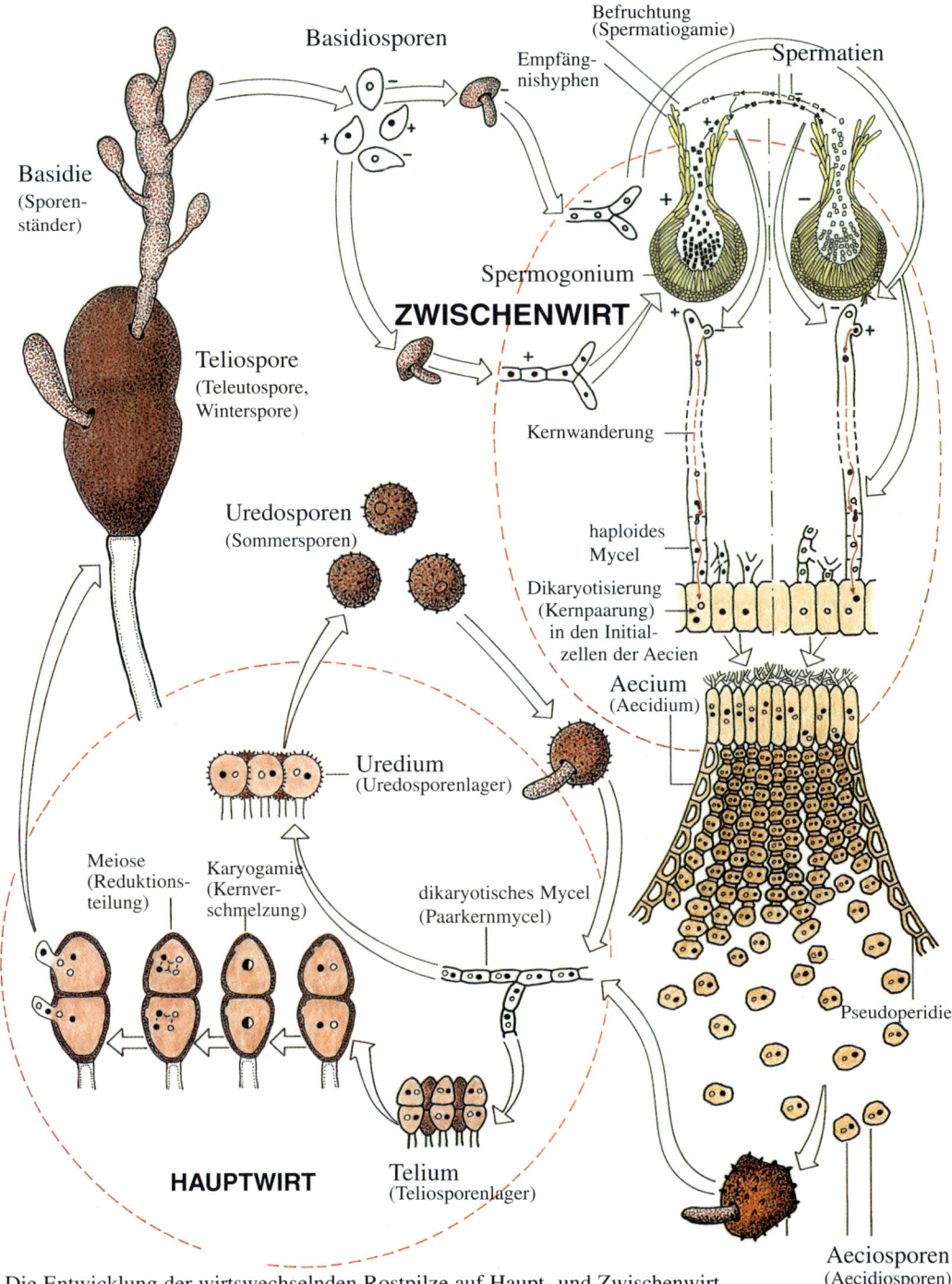

Basidiosporen

Basidie
(Sporen-
ständer)

Teliospore
(Teleutospore,
Winterspore)

Befruchtung
(Spermatiogamie)

Spermatien

Empfäng-
nishyphen

Spermogonium

ZWISCHENWIRT

Kernwanderung

haploides
Mycel

Dikaryotisierung
(Kernpaarung)
in den Initial-
zellen der Aecien

Aecium
(Aecidium)

Uredosporen
(Sommersporen)

Uredium
(Uredosporenlager)

Meiose
(Reduktions-
teilung)

Karyogamie
(Kernver-
schmelzung)

dikaryotisches Mycel
(Paarkernmycel)

Pseudoperidie

HAUPTWIRT

Telium
(Teliosporenlager)

Aeciosporen
(Aecidiosporen)

Die Entwicklung der wirtswechselnden Rostpilze auf Haupt- und Zwischenwirt
Tafel nach DÖRFELT & GÖRNER (1989), verändert durch H. Dörfelt, neu gezeichnet von A. Gutjahr

für die Entstehung von Sporentyp Nr. 4 auf der Unterseite des Berberitzenblatts: den rostfarbenen Aeciosporen.

Die Geschlechtsverschmelzung hat eine für den weiteren Lebensablauf unseres Rostes einschneidende Änderung bewirkt: die Aeciosporen sind zweikernig! Und konsequenterweise folgt nun des Wirtswechsels zweiter Teil. So wie die einkernigen Basidiosporen, obwohl von Gräsern bzw. Getreide stammend, nur auf der Berberitze keimen konnten, so sind nun die zweikernigen Aeciosporen unfähig, andere Berberitzenblätter zu infizieren. Sie keimen ausschließlich auf Gräsern und Getreide. Auch hier bildet der Rostpilz nun sein Mycel, um dem Wirt Nahrung zu entziehen, doch im Unterschied zum Hyphengeflecht auf der Berberitze besitzt nun jede Hyphenzelle zwei Kerne.

Bald können wir jetzt auch die fünfte Sporenform unseres Pilzes beobachten: in strichförmigen Streifen an den Blättern entstehen riesige Mengen rostfarbener Uredosporen, die für eine explosionsartige Ausbreitung der Infektion auf weitere Getreidepflanzen sorgen. Diesmal geschieht das ganz ohne den Umweg über die Berberitze, denn: auch die Uredosporen sind zweikernig!

Gegen den Herbst zu wird es für den Pilz schließlich Zeit, Vorsorge für den kommenden Winter zu treffen. Nun tauchen die uns bereits bekannten dickwandigen Teliosporen auf, aus denen im Frühjahr die Basidien keimen, um den Kreislauf erneut zu beginnen.

Mit unserem Wissen um den komplizierten Ablauf des Rostpilzlebens vermögen wir das Berberitzengesetz aus Massachusetts erst gebührend zu würdigen. Führt doch von den überwinternden Teliosporen der Weg unausweichlich in die Einkernphase und damit zur Berberitze. Und wo keine Berberitze zur Verfügung steht, ist dieser Weg eine Sackgasse, die schließlich zur Ausrottung des Parasiten führen müßte. Biologische Schädlingsbekämpfung par excellence, hochspezifisch, ohne jeden noch Tausende von anderen Organismen in Mitleidenschaft ziehenden Gifteinsatz - und das im 18. Jahrhundert!

In der Praxis sieht die Sache freilich etwas anders aus. Wenn es auch gelingt, den Getreiderost mit dieser Methode deutlich einzudämmen, auszurotten läßt er sich dadurch nicht. Denn prädestiniert zur Überwinterung sind zwar alleine die dickwandigen Teliosporen, doch scheint je nach Strenge des Winters auch eine gewisse Zahl an Uredosporen die kalte Jahreszeit zu überleben. Als zweikernige Zellen können sie im Frühjahr ja sofort Getreidepflanzen befallen, wodurch der Wirtswechsel umgangen wird. Ein anderes Problem ergibt sich aus dem Anbau von Wintergetreide, in dem das Mycel bis zum Frühling überdauern und dann mittels Uredosporen für die Ausbreitung auf weitere Getreidepflanzen sorgen kann.

Der Ernteausfall durch den Getreide- oder Schwarzrost kann bis zu 25 % betragen, in der Regel aber werden 5 % kaum überschritten. Und mit Sicherheit besteht keinerlei Gefahr, daß die komplette Ernte einer Region oder auch nur eines Feldes vernichtet wird. Denn der Rost schädigt die befallene Getreidepflanze nur um die Infektionsstelle herum und breitet sich nicht auf das gesamte Individuum aus. Ein kluger Akt der Selbstbescheidung, an dem Ökologen den hochentwickelten Parasiten erkennen. Schließlich schaufelt sich ein „kurzsichtiger" Schädling, der seinen Wirt an den Rand der Ausrottung bringt, damit zwangsläufig selbst sein Grab!

Was PUCCINI mit dem Getreiderost zu tun hat? Nach ihm wurde diese Pilzgattung schließlich in der Wissenschaftssprache *Puccinia* benannt. Doch leider müssen wir alle Opernfreunde enttäuschen, die nun schon im Geiste La Boheme oder Madame Butterfly nach Bezügen zum Pilzbefall auf Gräsern durchforschen. Der Name *Puccinia* wurde bereits 1801, also mehr als ein halbes Jahrhundert vor der Geburt des großen Melodienmagiers Puccini geprägt und einem gleichnamigen italienischen Anatomen zum Denkmal gesetzt.

Pilz oder Tier?

Das merkwürdige Zwitterleben der Schleimpilze

Für die Pioniere unter den Pilzforschern war die Sache klar: unbewegliche Gebilde ohne grüne Blätter, die innerhalb weniger Tage an morschem Holz oder Pflanzenresten auftauchten und Unmengen von Sporen produzierten - das waren Pilze, keine Frage. Aber auch bereits manchem Pionier blieb nicht verborgen, daß bei einigen dieser Pilze das Wachstum höchst ungewöhnlich ablief. Da entwickelte sich nicht ein kleines Pilzchen mehr oder minder schnell zu seiner endgültigen Größe, sondern da erschien zunächst unversehens eine oft leuchtend gefärbte, durch und durch schleimige Masse. Doch innerhalb weniger Tage oder gar Stunden hatte sich der anfangs formlose Schleim völlig verwandelt: ein Pilz, oft auch eine dichtgedrängte Gruppe von Pilzen war entstanden, und nichts erinnerte mehr an dieses seltsame Häufchen Schleim.

Ein merkwürdiger Entwicklungsgang, für den das Wort „Wachstum" eigentlich gar nicht so recht paßte, war es doch vielmehr eine Metamorphose, eine Umwandlung von Schleim in einen Pilz. Grund genug für einige der alten Naturgelehrten, diese Gruppe mit einem eigenen Namen zu belegen: Schleimpilze sollten sie heißen, „Myxomyceten" auf gut wissenschaftlich. Daß sie zu den Pilzen gehörten, das stand freilich außer Frage.

Alles an ihnen paßte allerdings nicht so recht in das Bild eines Pilzes: Diese merkwürdige Schleimmasse konnte sich nämlich, anders als der daraus entstehende Pilz, aktiv von der Stelle bewegen. Und ein solches Umherkriechen nach eigenem Belieben gehörte sich für einen anständigen Pilz nun wirklich nicht. Nach und nach förderte die zähe Neugier der Wissenschaftler dann noch so manch weitere faustdicke Überraschung zutage. Als man etwa daranging, den zellulären Bau des schleimigen Lebewesens zu durchleuchten, so erwartete man natürlich, daß es aus einer Vielzahl von Einzelzellen bestünde - das war

schließlich für alle außer den allerwinzigsten Lebewesen obligatorisch. Doch siehe da: Fehlanzeige! Die gesamte Schleimmasse - die größten erreichen Durchmesser von über zehn Zentimetern - ist nichts anderes als eine einzige Riesenzelle mit Millionen von Zellkernen! Plasmodium, so nennt die Wissenschaft diese unter allen Lebewesen einmalige, nur bei den Schleimpilzen auftretende Lebensform: eine riesige Amoebe, die durch die stetig strömende Verlagerung des Zellinhalts in ihrem barrierelosen Inneren unter ständiger Formveränderung zu fließend-kriechender Fortbewegung fähig ist.

Keineswegs pilzkonform verhalten sich Schleimpilze auch in ihren Ernährungsgewohnheiten. Denn während Pilze beispielsweise das morsche Holz, auf dem sie vorkommen, mit ihrem weitverästelten Hyphengeflecht durchziehen und so langsam verdauen, dient so ein fauliger Baumstamm den Schleimpilzen keineswegs als Nahrung, sondern lediglich als ideales Jagdrevier. Hier gibt es sie zuhauf, die Bakterien und Hefen, die kleinen Pilzteilchen und vieles mehr, was die Schleimpilze mit ihrem sich ständig wandelndem Körper umfließen und so in ihr Inneres aufnehmen und schließlich verdauen.

Ein Lebewesen, das unter aktiver Fortbewegung auf Nahrungssuche geht, diese Nahrung dann in sich aufnimmt und verdaut - nein, mit einem Pilz hat das nichts mehr zu tun, vielmehr ist das die typische Ernährungsweise eines Tieres. Der große Naturforscher ANTON DE BARY, der den Lebenszyklus der Schleimpilze aufklärte, vermied daher geflissentlich den Begriff „Schleimpilz" und nannte sie stattdessen „Pilztiere" oder „Mycetozoen". Langsame, aber unermüdliche Weidegänger und Räuber sind sie, immer auf der Suche nach Nahrung, aber auch immer auf der Flucht vor Sonne und Trockenheit. Besitzt der

Fruchtkörperbildung des Schleimpilzes **Lepidoderma tigrinum (1):**

Die schleimige Masse des Plasmodiums ist aus ihrem feuchten Versteck, wo sie auf Nahrungssuche war, hervorgekrochen. In den netzartig verbundenen Adern findet eine rhythmische Strömungsbewegung des Zellplasmas statt, die letztendlich die Vorwärtsbewegung des gesamten Plasmodiums bewirkt.

Fruchtkörperbildung des Schleimpilzes **Lepidoderma tigrinum (2):**

Das zuvor noch dünne, weit ausgebreitete und daher für die Nahrungssuche hervorragend geeignete Plasmodium hat sich zu kompakteren, im Umriß sehr unregelmäßigen Massen zusammengezogen.

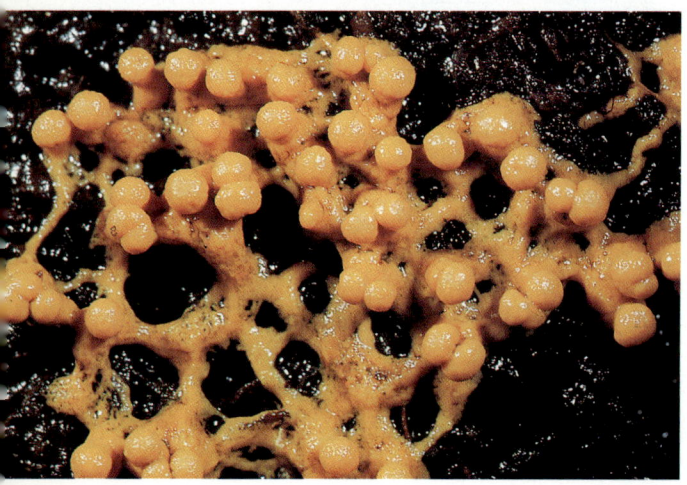

Fruchtkörperbildung des Schleimpilzes **Lepidoderma tigrinum (3):**

Der Konzentrierungs- und Formungsprozeß setzt sich fort; deutlich werden nun kugelige Gebilde sichtbar - die Köpfchen der zukünftigen Fruchtkörper.

Fruchtkörperbildung des Schleimpilzes
Lepidoderma tigrinum (4):

Zu jedem Köpfchen gehört auch ein Stiel, wobei die Stiele benachbarter Fruchtkörper oft mehr oder weniger stark miteinander verwachsen sind. Die schleimige Konsistenz des ursprünglichen Plasmodiums geht nun mehr und mehr in elastische Festigkeit über.

Fruchtkörperbildung des Schleimpilzes
Lepidoderma tigrinum (5):

Zeigten die Köpfchen der Fruchtkörper bisher noch in etwa die Farbe des Schleims, aus dem sie entstanden sind, so vollzieht sich nun auch hier ein radikaler Wandel - ein untrügliches Zeichen, daß die vielen Sporen in ihrem Inneren kurz vor der Reife stehen.

Fruchtkörperbildung des Schleimpilzes
Lepidoderma tigrinum (6):

Nichts mehr erinnert noch an das Plasmodium des ersten Bildes; aus einem formlosen, schleimigen, herumkriechenden Tier sind bewegungslose, aber faszinierend schöne und keineswegs schleimige kleine Pilze geworden. Schließlich wird die Hülle des Köpfchens aufreißen, und mit den so freigesetzten Sporen wird das seltsame Wesen seinen Lebenskreislauf erneut beginnen - als Tier ...

Arcyria denudata (L.) Wett.

Fruchtkörper 1-3-6 mm hoch gestielt, gesellig bis dicht gedrängt in Gruppen, eiförmig bis kurz zylindrisch, leuchtend rot, karminrot, im Alter rostbraun bis braun. Stiel längsgerieft, rot bis dunkel rotbraun.

Die Art gehört weltweit zu den häufigsten Spezies der Schleimpilze überhaupt. Sie fruktifiziert während des ganzen Jahres auf totem Laub- und Nadelholz.

empfindliche Schleimkörper außer einer hauchdünnen Plasmamembran doch keinerlei schützende Zellhülle.

Kein Wunder also, daß man Schleimpilze bei der Nahrungssuche nur selten zu Gesicht bekommt. Sie führen ein lichtscheues Leben an verborgenen, feuchtigkeitsgesättigten Orten. Irgendwann aber drängt es sie plötzlich hin zu Licht und Sonne: es ist Zeit, sich um Nachwuchs zu sorgen, Zeit also, Fruchtkörper und darin Millionen von Sporen zu bilden. Und um deren Verbreitung zu gewährleisten, sucht sich das schleimige Lebewesen einen exponierten Platz, an dem Wind und umherspritzende Regentropfen den Weitertransport garantieren. Hier nun gilt es, den Wettlauf mit der Austrocknung zu gewinnen und sich in aller Eile vom Tier zum Pilz zu verwandeln.

Der Streit, ob diese geheimnisvollen Organismen nun bei den Tieren oder den Pilzen einzuordnen wären, ist übrigens bis heute nicht ausgefochten, und die Begriffe „Myxomyceten" und „Mycetozoen" werden nach wie vor parallel nebeneinander verwendet, auch wenn zur Zeit die Befürworter einer Abstammung von Urtierchen die Oberhand haben.

Wie dem auch sei - die Schleimpilze scheinen bereits einen sehr langen Weg durch die Evolution hinter sich zu haben, einen verborgenen, eigenständigen Weg weitab von den sonstigen Tieren, Pflanzen und Pilzen. Und welche Resultate uns die Abstammungsforschung in der Zukunft auch immer liefern mag: diese Organismen sind und bleiben faszinierend - in ihrer Fremdheit wie in ihrer Schönheit.

Hemitrichia serpula (Scop.) Rost.

Fruchtkörper netzig, verästelt, das Substrat mit einigen Quadratzentimetern bedeckend. Netzmaschen bis 5 mm, bis 0,6 mm dick und bis 0,6 mm hoch, sitzend, gelbbraun. Peridie dünn, durchscheinend, unregelmäßig längs aufbrechend.

Die Art ist weltweit verbreitet, scheint aber überall nicht häufig zu sein; sie wächst vorwiegend auf Laubholz, seltener auf Nadelholz.

Mykorrhiza: die „Pilzwurzel" als Umschlagplatz eines erstaunlichen Tauschhandels

1881 wurde der Privatdozent BERNHARD FRANK zum Professor an der Landwirtschaftlichen Hochschule zu Berlin berufen, wo Se. Excellenz der Herr Minister für Landwirthschaft, Domänen und Forsten ihm den Auftrag erteilte, „die Zucht der Trüffel im Königreiche Preussen nach Möglichkeit zu fördern". Um es gleich vorwegzunehmen: die erhoffte Methode zur Massenproduktion der begehrten Pilzknolle fand der Herr Professor nicht. Doch stieß er bei seinen Untersuchungen auf ein Phänomen, dessen enorme ökologische Bedeutung er wohl bereits erkannte. Man hört geradezu das Atmen der stolzgeschwellten Entdeckerbrust mitschwingen, wenn er bemerkt, es gehe um Kenntnis von Dingen, „von welchen die Wissenschaft bis jetzt keine Ahnung gehabt hat". Zweifel an der Zuverlässigkeit seiner Feststellungen nimmt Frank von vorneherein den Wind aus den Segeln: sie seien durch die Ausdehnung seiner Untersuchungen „schon jetzt als festbegründet zu betrachten".

Es betrifft die Thatsache, dass gewisse Baumarten ... ganz regelmässig sich im Boden nicht selbständig ernähren, sondern überall in ihrem gesamten Wurzelsystem mit einem Pilzmycelium in Symbiose stehen, welches ihnen Ammendienste leistet und die ganze Ernährung des Baumes aus dem Boden übernimmt.

Frank sollte rechtbehalten: keine Fichte, Tanne, Kiefer oder Lärche, keine Buche, Eiche, Birke, Weide, Erle in unseren Wäldern oder auch außerhalb, die nicht ihre gesamte Wasser- und Mineralstoffversorgung in die Hände von Pilzen übergeben hätte. Und die Pilze sind für diese Dienstleistung auch bestens gerüstet. Denn das ungeheuer weitgesponnene Fadengeflecht des Pilzmycels besitzt im Vergleich zum Wurzelsystem des zugehörigen Baumes ein Vielfaches an Oberfläche. Das prädestiniert den Pilz zur Aufnahme all dessen, was der Baum dem Boden an lebensnotwendigen Stoffen abverlangt.

Freilich erledigen die Pilze diese Dienstleistung für den Baum nicht unentgeltlich. Als Gegenleistung lassen sie sich ihr ganzes Leben lang von „ihrem" Baum verköstigen. Kohlenhydrate, das ist es, was der Pilz v.a. braucht, er kann sie ja nicht wie der Baum so einfach mit Hilfe der Photosynthese herstellten. Aber bitte nicht nur Kohlenhydrate: vielen Mykorrhizapilzen fehlt die Fähigkeit zur eigenständigen Bildung einer Reihe von Vitaminen, auch hier muß der Baumpartner etwas von seiner Produktion abgeben.

Die Umschlagplätze dieses äußerst umsatzstarken Tauschhandels sind die feinen Enden des Wurzelsystems der Bäume. Sie werden völlig eingehüllt von einem dichten Mantel aus Pilzhyphen, und diese Pilzhyphen dringen auch zwischen die Zellen der Wurzelrinde ein, wo sie ein richtiggehendes Netzwerk bilden. Frank prägt auch gleich einen Begriff für die neuentdeckte Symbiose:

Der ganze Körper ist also weder Baumwurzel noch Pilz allein, sondern ähnlich wie der Thallus der Flechten, eine Vereinigung zweier verschiedener Wesen zu einem einheitlichen morphologischen Organ, welches vielleicht passend als Pilzwurzel, Mycorhiza bezeichnet werden kann.

Im Grundsatz verwirklicht die Mykorrhizasymbiose seit Hunderten von Millionen Jahren (auch die ersten primitiven Landpflanzen hatten vermutlich bereits ihre Mykorrhizapartner!) eigentlich nichts anderes als eine Erkenntnis unserer Industriegesellschaft, nämlich die, daß Arbeitsteilung zu größerer Effizienz führt. Und tatsächlich haben viele mykorrhizierte Pflanzen nur dank ihres Pilzpartners eine Überlebenschance im harten Konkurrenzkampf der Natur.

Bei der „Ekto-Mykorrhiza", die von vielen Bäumen eingegangen wird, umspinnt der Pilz die Wurzelenden mit einem dichten Mycelüberzug, so daß man sie an sorgfältig ausgegrabenen und gewaschenen Wurzeln bereits mit bloßem Auge erkennen kann.

Angesichts der überzeugenden Vorteile dieser Symbiose sollte es nicht allzusehr verwundern, daß, wie sich nach und nach herausstellte, nicht nur Bäume, sondern die weit überwiegende Mehrzahl aller Pflanzen eine Mykorrhiza ausbildet. Freilich gibt sich die „Pilzwurzel" vieler Gräser, Kräuter und Blumen dem menschlichen Forscherauge gegenüber wesentlich unauffälliger als bei den meisten Bäumen. Denn dort umhüllt kein Hyphenmantel die Wurzelenden, und kein Hyphennetz spannt sich zwischen den Zellen aus. Stattdessen erhalten die Pilze dort sogar Zutritt in die Wurzelzellen selbst: unsichtbar im Zellinneren findet der intime Kontakt zwischen Pflanze und Pilz beim Löwenzahn, Gänseblümchen und Rispengras unseres heimischen Rasens und bei ungezählten anderen Arten statt. „Endomykorrhiza" haben die Wissenschaftler daher diese Form der Symbiose getauft, im Gegensatz zur „Ektomykorrhiza" vieler Bäume.

Auch die Pilze, die an der Endomykorrhiza beteiligt sind, halten es eher mit der Heimlichkeit. Mikroskopisch klein sind sie und dringen nicht einmal zur Sporenproduktion an die Erdoberfläche durch, weshalb sie außerhalb der Erfahrungswelt des Naturfreundes liegen und auch in diesem Buch nicht näher vorgestellt werden sollen. Ganz anders dagegen die Ektomykorrhizapilze: zu ihnen gehören fast ausschließlich Arten mit auch ohne Lupe sichtbaren, nicht selten sogar mehr oder weniger stattlichen Fruchtkörpern. Und zwar nicht eben wenige: mehr als die Hälfte der bodenbewohnenden Großpilze unserer Wälder hat sich darauf verlegt, ihren Nährstoffbedarf durch Bäume mittels Ektomykorrhiza decken zu lassen.

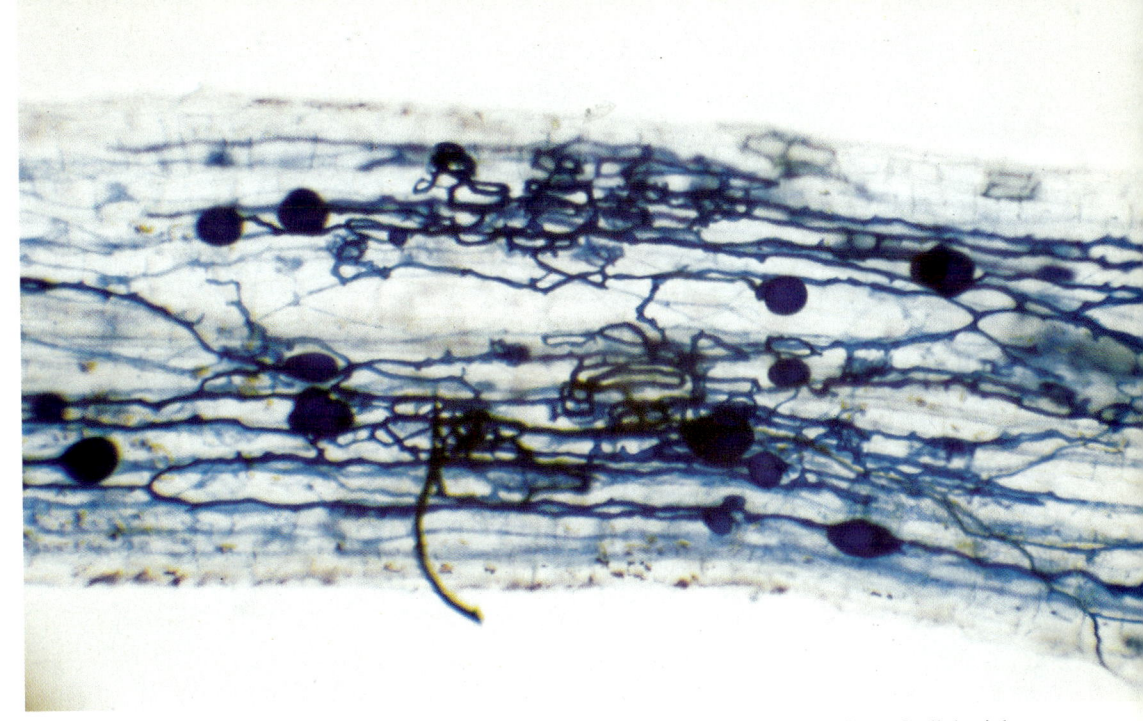

Die „Endo-Mykorrhiza", die bei der überwiegenden Zahl aller Pflanzen vorkommt, ist äußerlich nicht zu erkennen. Hier umhüllt kein Mycelmantel die Wurzel, vielmehr dringt der Pilz ins Innere der Wurzelzellen ein, wo er nur unter dem Mikroskop nach spezifischer Anfärbung (hier mit Trypanblau) sichtbar gemacht werden kann.

Einige davon sind bei der Auswahl ihres Partners dabei wenig anspruchsvoll. Der Pfifferling beispielsweise geht die Mykorrhiza-Ehe sowohl mit Laub- als auch Nadelbäumen ein. Daneben gibt es aber auch sehr wählerische Pilzbräute. Meist verrät sie schon ihr Name: Birkenpilz, Espenrotkappe, Tannenreizker, Buchen-Speitäubling, Kiefern-Steinpilz oder Lärchenröhrling haben von ihrem Lebenspartner eine unumstößlich feste Vorstellung.

Der erfahrene Küchenmykologe ahnt es wohl bereits bei den wenigen gerade gefallenen Namen, daß sich unter den Ektomykorrhizapilzen auch eine ganze Reihe ausgezeichneter Speisepilze finden lassen. Und dies zum Leidwesen der Pilzzüchter. Während nämlich kompost- und mistbewohnende Pilze wie der

Zuchtchampignon oder Holzbewohner wie der Austernpilz auch unter den vom Menschen geschaffenen Zuchtbedingungen bereitwillig ihre Fruchtkörper bilden, widersetzen sich die Mykorrhizapilze nach wie vor hartnäckig solchen Versuchen menschlicher Vereinnahmung. Und so müssen halt Pfifferling, Steinpilz und Reizker immer noch im Wald gesucht werden und erzielen am Markt und in den Geschäften dementsprechend gesalzene Preise.

Allen voran unser teuerster Speisepilz, der sich ja noch dazu unter der Erdoberfläche versteckt. Denn die industrielle Zucht der Trüffel ist - auch mehr als Hundert Jahre nach dem Auftrag des preußischen Landwirtschaftsministers an den Professor Frank - bis heute ein Wunschtraum geblieben.

Fliegenpilz (*Amanita muscaria*)

Der Fliegenpilz - als Gott verehrt, als Giftpilz gemieden

Amanita muscaria (L. : Fr.) Pers.

Kennzeichen: Hut bis 15 cm breit, jung halbkugelig und von weißer, flockiger Hülle eingeschlossen, dann konvex bis flach, leuchtend rot, mit abwischbaren, weißen Hüllresten bedeckt; Huthaut klebrig; Rand gerieft. Lamellen weiß. Stiel bis 25 cm hoch, weiß, flockig; Basis mit zwiebelartig verdickter, flockig-gegürtelter Knolle; Ring hängend, weiß. Fleisch weiß, unter der Huthaut gelb.

Ein Männlein steht im Walde auf einem Bein, es hat von lauter Purpur ein Mäntelein ...

Der Fliegenpilz ist hierzulande der wohl populärste Pilz überhaupt. Ob er nun in dem allbekannten Kinderlied besungen wird oder als eines unserer beliebtesten Glückssymbole Verwendung findet, durchweg wird etwas Positives mit ihm in Verbindung gebracht. Zugleich aber weiß jedes Kind, daß dieser Pilz giftig ist - ein seltsamer Widerspruch.

Vermutlich wurzelt die positive Belegung des Fliegenpilzes in der vom Lied geflissentlich verschwiegenen Tatsache, daß er seit Jahrtausenden als Rauschdroge verwendet wird. In der Tat scheinen wir es mit dem ältesten Rauschmittel Eurasiens zu tun zu haben, das die Menschen bereits zu nutzen wußten, als sie nach der Eiszeit noch als umherziehende Jäger und Sammler das Land durchstreiften. Unsere heutige Rauschdroge Nummer eins dagegen spielte damals sicher noch keine Rolle. Denn Alkohol kommt in der Natur nicht in nennenswerten Mengen vor, sondern muß durch einen längerdauernden Fermentationsprozeß aus zuckerhaltigen Säften gewonnen werden, setzt also bereits eine gewisse Seßhaftigkeit der Produzenten voraus.

Wir dürfen mit einiger Wahrscheinlichkeit davon ausgehen, daß der Fliegenpilz in den Wäldern, die sich nach der letzten Eiszeit auf den von einem mächtigen Eispanzer befreiten

Ländern ausbreiteten, ausgesprochen häufig war. Zu dieser Annahme berechtigen uns seine ökologischen Ansprüche. Der Fliegenpilz ist ein Mykorrhizapilz, der als Symbiosepartner eindeutig die Birke bevorzugt, wenngleich die Mykorrhizabindung auch mit einer Vielzahl anderer Laub- und Nadelbäume möglich zu sein scheint. Die anspruchslose Birke aber war neben der Kiefer der häufigste Baum der frühen nacheiszeitlichen Wälder. Und wie könnte man annehmen, daß den Menschen, die ihre Nahrung in diesen Wäldern sammelten, die Wirkungen des auffälligsten und mit am häufigsten Mykorrhizapartners der Birke verborgen geblieben wären!

Diese Wirkungen werden, wie es bei psychoaktiven Drogen oft der Fall ist, sehr unterschiedlich geschildert und hängen stark von der Stimmungslage des Berauschten ab. So sprechen die Berichte nicht selten von Euphorie und Glücksgefühlen, von Singen, Tanzen und Lachen oder pausenlosem Reden, in anderen Fällen aber auch von Angstgefühlen, Depressionen oder Tobsuchtsanfällen. Manchen Schilderungen zufolge sollen die Berauschten zu enormen Kraftleistungen fähig sein, was zusammen mit den erwähnten Tobsuchtsanfällen zu der weitverbreiteten Theorie geführt hat, die sagenhafte Wut der Berserker gehe auf die Einnahme von Fliegenpilzen zurück. Die nordischen Mythen bieten hierfür aber offenbar keinerlei Anhaltspunkte.

Am Beginn eines Fliegenpilzrausches stehen freilich manchmal unerwünschte körperliche Symptome: Magenschmerzen und Erbrechen scheinen bisweilen der Preis für den erhofften Glücksrausch zu sein, und die starke Erregung des Gehirns kann sich im weiteren Verlauf auch in äußerst unangenehmen Krämpfen bemerkbar machen. Häufig erscheinen kleine Dinge den Berauschten stark vergrößert, so daß ihnen etwa eine Wasserpfütze zum tiefen See und ein Stecken zum Baumstamm wird. In aller Regel fällt man schließlich in einen tiefen Schlaf, aus dem man meist ohne großen Kater wieder erwacht.

Wir besitzen viele Berichte von Sibirienreisenden, die uns schildern, wie beliebt der Fliegenpilz als Rauschmittel bei manchen der dort ansässigen Stämme bis in unser Jahrhundert war, offenbar auch bei Stämmen, in deren Siedlungsgebiet die Art nicht oder nur selten wuchs. Lassen wir beispielsweise den Arzt und Naturforscher GEORG WILHELM STELLER von seinem Aufenthalt in Kamtschatka 1739 erzählen:

Unter denen Erd-Schwämmen ist der vergiftete Fliegen-Schwamm, auf Russisch Muchamoor, auf Itälmenisch [kamtschkadalisch] Ghugakop genannt, in großem und sonderlichem Werth ...; sie trocknen diese Schwämme, essen solche ohngekäuet in ganzen Stücken, und trinken eine gute Portion kalt Wasser darauf; nach Verlauf einer halben Stunde werden sie davon toll und besoffen, und bekommen allerley wunderliche Phantasien. Die Koräken und Jukagiri sind dieser Speise noch mehr ergeben, und darauf dergestalt erpicht, daß sie ihn überall von denen Russen aufkaufen; die sich aber aus Armuth keinen anschaffen können, fangen den Urin von denen Besoffenen auf und trinken ihn aus, werden davon eben so rasend und noch toller, und wirket der Urin bis auf den vierten und fünften Mann.

Daß man selbst den Urin der Berauschten noch trank, wird von einer ganzen Reihe anderer Autoren bestätigt, auch wenn offenbar selbst die eifrigsten Anthropologen von einer aktiven Teilnahme an solchen Praktiken Abstand genommen haben. J. ENDERLI beispielsweise erzählt 1903 in seinem Bericht „Zwei Jahre bei den Tschuktschen und Korjaken" vom Erwachen zweier Männer gegen Ende eines Fliegenpilzrausches:

Ich bemerkte nun, daß eine Frau dem Erwachten ein kleines Blechgefäß herbeibrachte, in welches sich der Mann seines Urins in Gegenwart aller entledigte. Dieses Gefäß wird ausschließlich für diesen bestimmten Zweck verwendet, und der Korjake nimmt es auch auf Reisen mit sich. Der Betrunkene (eigentlich der Vergiftete) stellte das Gefäß neben sich; der Urin war noch warm und der Dampf stieg in der kalten Jurte dicht aufwärts, als der zweite Pilzesser, der eben aus dem Schlaf erwachte, das Uringefäß neben sich erblickte, es ohne weiteres ergriff und einige volle Züge daraus trank. Bald darauf folgte der erste, der eigentliche „Herr des Urins", dem Beispiel des anderen. Nach wenigen Augenblicken übte der getrunkene Urin seine Wirkung aus, die Vergiftungssymptome nahmen in der beschriebenen Weise an Heftigkeit zu. Schlaf mit Tobsuchtsanfällen und Momenten völliger Ruhe wechselten ab. Die Vergiftung wurde immer wieder durch Urintrinken verstärkt.

Betrachten wir die Sache rein naturwissenschaftlich und stellen fest, daß zumindest ein beträchtlicher Teil der für den Fliegenpilzrausch verantwortlichen psychoaktiven Substanzen nicht im Körper abgebaut, sondern mit dem Harn ausgeschieden werden.

Die Verwendung dieses Pilzes hat auch in der Ausdrucksweise der Menschen ihren Niederschlag gefunden. So entspricht unserem Wort „betrunken" in einigen uralischen Sprachen ein Begriff, den man eigentlich mit „bepilzt" übersetzen müßte. Wie aber „(be)trunken" im Deutschen ebenso für Rauschzustände gebraucht wird, die nicht auf ein Getränk zurückgehen („trunken vor Freude" etc.), dient das „bepilzt" dieser Sprachen auch für die Bezeichnung eines Alkoholrausches. Die heutige Bedeutung beider Wörter ist also in etwa identisch, doch liefert uns die Wahl des Ausdrucks einen deutlichen Hinweis auf die in alten Zeiten gebräuchliche Rauschdroge der jeweiligen Kultur.

Eine andere wahrscheinliche Spur des Fliegenpilzes finden wir bereits sehr früh in der Geschichte. Sie führt uns zur Volksgruppe der Arier, deren Namen die Nazis in so unheilvollem und grausamem Zusammenhang für sich mißbrauchten - in Wahrheit sind die Arier keineswegs die Vorfahren der Deutschen, sondern der Inder und Iraner. Wir sind über ihre Sprache und Kultur recht gut unterrichtet durch die sogenannten Weden, vier Sammlungen religiöser Dichtung, deren wichtigste als RIG-WEDA bezeichnet wird. Entstanden etwa zwischen 1500 und 1000 v. Chr., als die Arier im Industal siedelten, wurden uns die Hymnen und Lieder im Hinduismus durch die Jahrtausende hindurch überliefert.

Von den zahllosen Gottheiten der wedischen Religion soll uns hier nur eine interessieren: SOMA - zugleich Gott und eine Pflanze bzw. der berauschende Saft dieser Pflanze, der bei kultischen Handlungen getrunken wurde. Das Wissen um die Identität der Rauschpflanze scheint jedoch sehr früh schon verloren gegangen zu sein und ist bis heute Gegenstand eines jahrhundertealten Rätselratens. Die Anhaltspunkte dafür bietet allein der RIG-VEDA, der uns freilich keine naturwissenschaftliche Beschreibung, wohl aber eine Vielzahl hymnischer Lobpreisungen Somas überliefert:

Ein Hochgenuß ist die wohlbereitete somische Süßigkeit; sie ist der breite Weg der Aditi für den, welcher den rechten Weg wandelt, (Soma,) der als Bullenstier von hier aus über den Regen gebeut, der Führer der Gewässer, der auf der Stelle Helfende, Preiswürdige. Aus der lebendigen Wolke wird Schmalz und Milch gemolken; der Nabel der Ordnung, der Göttertrank, wird geboren. Vereint stellen ihn die Gabenschönen zufrieden; den zur Eile Getriebenen pissen die schwellenden Männer herab.

Wieder taucht der Urin der Berauschten auf - nur eines in einer Reihe von Argumenten, mit denen GORDON WASSON (wir haben ihn bereits im Zusammmenhang mit dem mexikanischen Rauschpilzkult kennengelernt) überzeugend darlegte, es habe sich bei der Soma-Pflanze mit hoher Wahrscheinlichkeit um den Fliegenpilz gehandelt. In der Folge wurde, gestützt v.a. auf philologische Interpretationen, sogar der Versuch unternommen, die neutestamentlichen Schriften der Bibel als verschlüsselte Geheimdokumente einer jüdischen Sekte von Fliegenpilzessern zu deuten. „Der Geheimkult des heiligen Pilzes", so der deutsche Titel des Buches von JOHN ALLEGRO, blieb freilich ein sehr gewagter und spekulativer Interpretationsversuch.

Die Veröffentlichung solcher Studien verhalfen dem Fliegenpilz schließlich zu einer Renaissance, v.a. in den Vereinigten Staaten. Man nimmt an, daß er dort unter den meistverwendeten Rauschpilzen heute Rang eins einnimmt. Und das obwohl die „Konkurrenz" aus Gattungen wie *Psilocybe* (Kahlköpfe, siehe dort) mit einem wesentlich wirksameren Halluzinogen aufwarten kann. Doch sind diese kleinen Pilzchen halt wesentlich schwerer zu finden und zu erkennen.

Natürlich interessierten sich auch die Chemiker schon sehr früh für den Fliegenpilz. Bereits 1869 wurde die erste Isolierung eines Giftstoffes veröffentlicht, die man dem wissenschaftlichen Namen des Pilzes (*Amanita muscaria*) gemäß Muscarin nannte. Die Autoren betrachteten Muscarin nicht nur als das Gift des Fliegenpilzes, sondern aller Giftpilze schlechthin. Nicht nur mit letzterer Vermutung hatten sie unrecht: sogar für die Wirkungen des Fliegenpilzes selbst ist Muscarin nicht verantwortlich, da es lediglich in Spuren von 0,0003 % vorhanden ist.

Muscarin

Doch die Weichen bei der chemischen Erforschung des Fliegenpilzes waren damit gestellt. Und so sammelte man in den dreißiger Jahren sage und schreibe über eine Tonne des Pilzes, um Muscarin in Reinform zu gewinnen und seine Struktur zu ergründen. Es gelang erst in den Fünfzigern. Und erst jetzt machte man sich an die Aufklärung der tatsächlich für

seine Wirkung verantwortlichen Stoffe und fand schließlich zwei Derivate des Isoxazols, denen man die Namen Ibotensäure und Muscimol gab.

Im Pilz scheint von beiden nur die Ibotensäure gebildet zu werden, die möglicherweise an sich gar keine Rausch- oder Giftwirkung erzeugt. Denn die eigentliche Wirksubstanz dürfte das Muscimol sein, das jedoch leicht durch Decarboxylierung aus Ibotensäure entsteht, sei es bei der Aufarbeitung durch den Chemiker, sei es im Magen eines sibirischen Fliegenpilzessers. Hier liegt wahrscheinlich auch der Schlüssel, weshalb die oben zitierten Berichte von einer sogar noch stärkeren Rauschwirkung des getrunkenen Urins sprechen: nach der ersten „Körperpassage" ist die Umwandlung von Ibotensäure zu Muscimol natürlich schon wesentlich weiter fortgeschritten. Übrigens bereiten auch Stoffe, die beim „direkten" Fliegenpilzgenuß eventuell zu Magenbeschwerden führen, beim „secondhand-kick" offenbar keine Sorgen mehr.

Ibotensäure bzw. Muscimol tun ihre Wirkung nicht nur auf den Menschen. Seit Jahrhunderten wurden gezuckerte und mit Milch übergossene Fliegenpilzstückchen verwendet, um Fliegen anzulocken und abzutöten. Diese Praxis soll dem Pilz auch seinen Namen verliehen haben. Aufmerksame Beobachter berichten uns freilich, daß die Fliegen dadurch oft nur betäubt werden und sich nach etwa zwei Tagen wieder erholen, sofern sie während dieser Zeit nicht zur leichten Beute von Insektenvertilgern oder rachsüchtigen Menschen werden.

Und wenn uns unser Exkurs schließlich schon ins Tierreich geführt hat: dem Vernehmen nach gibt es auch dort, wie unter den Menschen, Verehrer des Fliegenpilzes. Die Rentiere sollen angeblich eine Vorliebe für ihn haben, und auch hier scheint die Wirkung nicht auszubleiben. Ob ihnen der Pilz eben einfach gut schmeckt? Oder schätzen gar auch die Rentiere den Geist des Gottes Soma?

Pantherpilz

Amanita pantherina (DC. : Fr.) Krombh.

Hut bis 10 cm breit, konvex bis ausgebreitet, auf braunem Grund mit weißen, abwischbaren Flocken; Rand gerieft. Lamellen weiß, gedrängt. Stiel bis 12 cm hoch, weiß, fein faserig; Ring weiß und ungerieft; Knolle wulstig gerandet mit mehreren Gürtelzonen. Fleisch weiß, weich; Geruch rettichartig. Giftig.

Der Pantherpilz fruktifiziert vom Sommer bis Herbst in Laub- und Nadelwäldern; die Art ist verbreitet.

Perlpilz, Rötender Wulstling

Amanita rubescens (Pers. : Fr.) S.F. Gray

Hut bis 15 cm breit, glockig bis ausgebreitet, blaß rötlich bis fleischrötlich-bräunlich, mit abwischbaren, grauweißen Schuppen; Hutrand ungerieft. Lamellen weiß, stellenweise rötlich fleckend. Stiel bis 15 cm hoch, weiß, später rötlichweiß; Ring fein gerieft. Fleisch weiß, langsam rötend. Eßbar.

Der Perlpilz kommt vom Sommer bis Herbst in Laub- und Nadelwäldern vor und ist häufig.

Grauer Wulstling

Amanita excelsa (Fr.) Bertil.
Syn.: *Amanita spissa* (Fr.) Kummer

Hut bis 15 cm breit, gewölbt bis ausgebreitet, auf dunkel graubraunem Grund mit graulichen, anhaftenden Flocken; Rand ungerieft. Lamellen weiß. Stiel bis 12 cm hoch, weiß, dann graulich; Knolle ungerandet; Ring weiß, gerieft. Eßbar, wegen Verwechslungsgefahr zu meiden!

Der Graue Wulstling wächst vom Sommer bis Herbst in Laub- und Nadelwäldern und ist häufig.

Porphyrbrauner Wulstling

Amanita porphyria Alb. & Schw. : Fr.

Hut bis 8 cm breit, glockig bis konvex, seidig glänzend, mit spärlichen bräunlichen bis grauvioletten Schuppen, alt kahl, porphyrbraun bis grauviolett. Lamellen weißlich. Stiel bis 12 cm hoch, mit zwiebelig verdicker Basis; Volva grau; Ring hängend, grau, vergänglich. Geruch nach rohen Kartoffeln.

Der Porphyrbraune Wulstling kommt ausschließlich in Nadelwäldern auf sauren Böden vor und ist weit verbreitet.

Narzissengelber Wulstling

Amanita gemmata (Fr.) Gill.

Hut bis 10 cm breit, zitronen- bis narzissengelb, mit schmieriger, trocken glänzender Haut und weißen, vergänglichen Flocken, Rand kurz gerieft. Lamellen weiß. Stiel weiß bis blaß gelb; Ring weiß, sehr vergänglich; Basis knollig, in kurzer Scheide.

Der Narzissengelbe Wulstling wächst vom Sommer bis Herbst in Nadel- und Laubwäldern auf sauren, sandigen Böden; die Art ist nicht häufig.

Orangegelber Streifling

Amanita crocea (Quél.) Sing.

Hut bis 12 cm breit, glockig bis ausgebreitet, orange bis orangegelb; Rand radial gefurcht. Lamellen weiß. Stiel bis 15 cm hoch, flockig bis feinschuppig genattert, orange; Volva innen orange. Fleisch weiß.

Der Orangegelbe Streifling fruktifiziert vom Sommer bis Herbst in Laub- und Nadelwäldern, gerne unter Birken, Eichen und Fichten; die Art gehört zu den Scheidenstreiflingen (Hutrand gerieft).

Grüner Knollenblätterpilz (*Amanita phalloides*)

Schreckgespenst aller Speisepilzsammler: der Grüne Knollenblätterpilz

Amanita phalloides (Fr. : Fr.) Link

Kennzeichen: Hut bis 15 cm breit, anfangs eiförmig-geschlossen, dann gewölbt bis ausgebreitet; Huthaut klebrig, bei Trockenheit glänzend, auf grünem Grund mit dunkleren, eingewachsenen Radialfasern durchzogen; Rand ungerieft. Lamellen weiß. Stiel bis 15 cm hoch, auf weißem Grund grünlich genattert; Basis knollig verdickt, mit großer, sackartiger, weißer Volva; Ring hängend, grünlich oder weißlich. Fleisch weiß; Geruch süßlich.

Als „Satan unter den Pilzen" hat man ihn schon bezeichnet. Und tatsächlich gingen in Mitteleuropa in der Vergangenheit etwa neun von zehn tödlich verlaufenen Pilzvergiftungen auf das Konto dieser einen Art. Doch der Pilz ist für Verteufelungen die falsche Adresse. Verdammen muß man in diesem Zusammenhang einzig die äußerst mangelhafte und oft von Selbstüberschätzung geprägte Artenkenntnis vieler Speisepilzsammler in Kombination mit großer Sorglosigkeit.

Befreien wir den Pilz daher von seinem vollkommenen Negativimage, das die egoistische Sichtweise der Speisepilzsammler ihm verliehen hat. Was dann bleibt, ist fast schon so etwas wie ein Repräsentant natürlicher mitteleuropäischer Wälder: ein Mykorrhizapilz, der fast ausschließlich in Symbiose mit Laubbäumen lebt. Dabei bevorzugt er eindeutig Eichen und auch Buchen, also die beiden Baumgattungen, die in den Wäldern unserer Breiten außerhalb der Gebirge am häufigsten vertreten wären, gäbe es nicht den Menschen und seine Eingriffe. Wir finden den Pilz daher bevorzugt in Laubwäldern, in denen sich Reste einer natürlichen Baumartenzusammensetzung erhalten haben. Aber auch in Parks sieht man ihn, während er die zu Holzproduktionsstätten degradierten Fichtenmonokulturen meidet.

Wiesenchampignon, Feldegerling (*Agaricus campestris*)

Seine Rolle als giftigster Pilz überhaupt muß der Grüne Knollenblätterpilz übrigens nicht alleine spielen, er kann sie sich mit zwei sehr nahe verwandten, weiß gefärbten Arten teilen. Ökologisch und geographisch nimmt er dabei eine Mittelstellung zwischen seinen weißen Geschwistern ein, die ihn bei uns in Mitteleuropa zum häufigsten von allen dreien macht. Denn der sog. Frühlingsknollenblätterpilz bevorzugt eindeutig die wärmeren südlichen Gefilde und dürfte in Deutschland nur in klimatisch stark begünstigten Gegenden vorkommen. Dementsprechend wählt er sich als Mykorrhizapartner auch nicht Buchen, sondern neben Eichen die wärmebedürftigen Eßkastanien.

Dagegen liebt es der dritte im Bunde deutlich kühler und nimmt sich daher am liebsten die kälteresistente Fichte zum Lebenspartner. Häufiger scheint dieser Kegelhütige Knollenblätterpilz, wie er genannt wird, nur in natür-

lichen Fichtenwaldgebieten zu sein, bei uns also in Berglagen und ansonsten innerhalb Europas in Skandinavien.

Wenn auch die weißen Arten der hochgiftigen Knollenblätterpilze hierzulande wesentlich seltener sind als die grünliche Spezies, so ist bei ihnen die Verwechslungsgefahr mit dem ebenfalls weißen Wiesenchampignon leider noch größer. Die Unterscheidungskriterien müssen daher jedem Champignonsammler unbedingt vollkommen vertraut sein. Also bitte nie vergessen:

Wichtigstes Trennungsmerkmal ist die Farbe der Lamellen auf der Hutunterseite. Sie sind bei den Knollenblätterpilzen in allen Altersstadien nahezu oder völlig weiß, bei Champignons aber schon in der Jugend deutlich rosa und werden mit zunehmendem Alter schokoladenbraun bis vollkommen schwarz. Genau genommen haben wir es dabei nicht mit einer Verfärbung des (in jedem Falle weißen) Lamellenfleisches zu tun, sondern mit seiner Überdeckung durch die sich an diesen Lamellen in riesiger Zahl bildenden Sporen. Und die sind bei Knollenblätterpilzen eben weiß, während reife Champignonsporen eine schwarze Farbe haben.

Eine Hilfe bei der Unterscheidung der beiden Gattungen kann auch der weiße, häutige, oben meist in mehrere Zipfel aufgerissene Sack bieten, in dem der Stielgrund der Knollenblätterpilze steckt und der den Champignons fehlt. Dieses Merkmal muß man freilich schon vor dem Pflücken beachten. Denn schneidet man den Pilz ab oder dreht ihn am Stiel heraus, so bleibt dieser „Volva" genannte Sack im Boden stecken. Keinesfalls läßt sich also anhand der fehlenden Volva auf den Champignon schließen, wenn der Pilz bereits im Korb liegt!

„Todeskelch", so hat man die Volva auch genannt. Man muß der Bezeichnung zugute halten, daß sie eine nützliche Gedankenstütze liefert, um sich einzuprägen, welchen Pilzen dieses Merkmal zukommt. Aus der Sicht des Pilzes ist sie freilich vollkommen falsch. Denn dieser Todeskelch stellt lediglich den ausgedienten Überrest einer Schützhülle dar, die zuvor den noch sehr jungen Fruchtkörper vollkommen umgeben hat. Wie ein weißes Ei stecken die Knollenblätterpilze in diesem Stadium im Boden und können dann mit Bauchpilzen verwechselt werden, die allerdings bei den meisten Speisepilzsammler nicht besonders geschätzt sind. Mit dem Wachstum reißt die Hülle schließlich oben auf und bliebt am Stielgrund zurück. Einzelne Lappen haften manchmal auch auf der Hutoberfläche und zeigen damit deutlich, daß diese Haut einst den gesamten Pilz umgeben hat.

Zusätzlich zu diesem „Rundumschutz" erhalten die Lamellen der Hutunterseite noch eine besondere „Leibwache". Schließlich sind sie der sporenbildende und damit wichtigste Teil des Fruchkörpers. Und so spannt sich innerhalb des allumfassenden „Velum universale"

Weißer (Kegelhütiger) Knollenblätterpilz

Amanita virosa (Fr.) Bert.   Tödlich giftig

Hut bis 8 cm breit, glockig, später flach, weiß. Lamellen weiß. Stiel weiß, mit Knolle. Geruch widerlich süßlich. Vor allem in Nadelwäldern.

noch eine zweite schützende Haut vom Hutrand zum Stiel, wo sie etwas unterhalb der Lamellen angewachsen ist: das „Velum partiale". Am reifen Pilz ist auch dieser Schutzmantel zerrissen, darf er doch keinesfalls die Verbreitung der Sporen behindern. Als häutiger Ring bleibt er im oberen Stielbereich zurück. Manchmal können uns einige zusätzliche Fetzen, die vom Hutrand herabhängen, davon Zeugnis geben, an welch verantwortungsvoller Stelle die nun so nutzlose Haut einst ihren Dienst getan hat.

Der Champignon, um unseren Vergleich der beiden Gattungen wieder aufzunehmen, wächst ohne ein alles umgebendes Velum universale heran; die Volva fehlt ihm folglich. Auf den speziellen Lamellenschutz, das Velum partiale, braucht aber auch er nicht zu verzichten, wie uns der bei ihm ebenfalls vorhandene Ring am Stiel deutlich ziegt.

Zu unseren gefährlichsten Giftpilzen macht die Knollenblätterpilze v.a. ihr Gehalt an sogenannten Amatoxinen, zyklischen Peptiden, die in der Lage sind, das Ablesen der im Kern der Zelle gespeicherten Erbinformation zu blockieren. Wird dieser zentrale Prozess des Lebens unterbunden, so versiegt der Nachschub an Enzymen, denn eben deren hochkomplizierte Zusammensetzung ist in der Erbsubstanz für jedes einzelne exakt niedergelegt. Die Enzyme aber sind die entscheidenden Triebkräfte des Stoffwechsels, der bei einer Knollenblätterpilzvergiftung binnen weniger Tage völlig zusammenbricht. Am schnellsten macht sich diese Wirkung in der äußerst stoffwechselaktiven Leber bemerkbar. Bleiben Rettungsmaßnahmen erfolglos, so stirbt der Vergiftete schließlich im Leberkoma.

Amatoxine

Am Beginn der Vergiftung stehen allerdings eher unspezifische Symptome. Wie bei den meisten Giftpilzen kommt es zunächst zu heftigen Magen-Darm-Beschwerden, die oft mit Erbrechen und zunächst wäßrigen, dann blutigen Durchfällen einhergehen. Wichtigstes Anzeichen dafür, daß eine lebensbedrohliche Intoxikation vorliegt, ist die lange Latenzzeit der Knollenblätterpilzvergiftung: Treten die Beschwerden erst mehrere Stunden (in der Regel 8-12 h) nach der Pilzmahlzeit ein, so lasse man sich sofort in eine Klinik einweisen!

Am Tag darauf verspürt der Patient zunächst eine deutliche Besserung seines Allgemeinzustandes. Laboruntersuchungen des Blutes zeigen in dieser Zeit jedoch bereits eine deutliche Schädigung der Leber, die schließlich in der zweiten Phase der Erkrankung zum Durchbruch kommt und in schweren Fällen tödlich endet.

Die Medizin stand der Knollenblätterpilzvergiftung bis vor kurzem ziemlich hilflos gegenüber. Zwar haben Aktivkohlegaben, Magenspülungen, Kreislaufunterstützung und eine symptomatische Behandlung der Leberschäden sicher bereits viele Menschen vor dem Tod gerettet. Doch ein wirklich wirksames Gegenmittel kannte man nicht, so viele auch bereits propagiert und wieder verworfen wurden. Hier scheint in den achziger Jahren eine entscheidende Wende gelungen zu sein. Silibinin heißt die Substanz, die einerseits das Vordringen der Amatoxine in die Leberzellen hemmt und andererseits offenbar sogar das Ablesen der Erbinformation direkt stimuliert. Aber auch wenn die Sterblichkeitsrate bei Knollenblätterpilzvergiftungen dadurch in den letzten Jahren deutlich gesenkt werden konnte: ein Wundermittel ist auch Silibinin nicht - die Knollenblätterpilze bleiben unsere gefährlichsten Giftpilze!

Es ist schon viel spekuliert worden, ob der enorme Giftgehalt - bereits ein einziger Fruchtkörper kann einen erwachsenen Menschen töten - diesen Pilzen einen Vorteil verschafft, beispielsweise die Fruchtkörper vor Tierfraß schützt. Möglich scheint es durchaus, daß dadurch die Entwicklung bestimmter Insektenlarven im Fruchtkörper verhindert wird, wenngleich man bei einigen Taufliegen bereits eine Resistenz gegenüber Amatoxinen festgestellt hat. Allemal als eindeutigen Erfolg darf der Pilz verbuchen, daß die meisten Menschen gelernt haben, ihn zu meiden. Freilich wäre - aus menschlicher Sicht - etwa ein unangenehmer Geschmack als sicher ebenso wirksame, aber „humanere" Methode der Abschreckung ganz eindeutig zu begrüßen!

Gelber Knollenblätterpilz (*Amanita citrina*)

Unschuldig unter Mordverdacht: der Gelbe Knollenblätterpilz

Amanita citrina (Schaeff.) Pers.

Kennzeichen: Hut bis 10 cm breit, zunächst halbkugelig, dann gewölbt bis ausgebreitet; Huthaut klebrig, glänzend, abziehbar, mit weiß-gelblichen, eckigen Hüllresten in Form von Flocken besetzt, Rand nicht gerieft, blaß zitronengelb, bisweilen gelb-grünlich. Lamellen frei, weiß bis gelblich. Stiel bis 12 cm hoch und bis 1,5 cm im Durchmesser, weiß oder gelblich; Knolle rundlich mit kantigem Wulst; Ring hängend, häutig, weiß, schwach gerieft. Fleisch weiß. Geruch nach rohen Kartoffeln.

Er sieht dem Grünen Knollenblätterpilz, mit dem wir uns im vorigen Kapitel beschäftigt haben, ohne Zweifel recht ähnlich und wurde und wird daher häufig mit ihm verwechselt. Dieser Umstand hat dem Gelben Knollenblätterpilz wohl auch den Ruf eingebracht, wie sein grüner Bruder ein äußerst gefährlicher, tödlich wirkender Giftpilz zu sein. Zu

Unrecht, wie aufmerksame Pilzkenner schon zu Beginn unseres Jahrhunderts mutmaßten. Die Französische Mykologische Gesellschaft erbrachte schließlich im Jahr 1925 den endgültigen Beweis für seine Harmlosigkeit, indem sie ein großes Gelbe-Knollenblätterpilze-Bankett abhielt. Es ist all den mutigen Helden dieser Tafelrunde wohl bekommen.

Zu den kulinarischen Höhepunkten der französischen Küche dürfte das damals servierte Gericht allerdings nicht zu zählen sein, besitzt der Gelbe Knollenblätterpilz mit seinem dumpfen, an rohe Kartoffeln erinnernden Geruch doch eher minderwertige Speisepilzqualitäten. Vor allem aber die drohende Verwechslungsgefahr wird wohl jedem Sammler Grund genug sein, die Finger von dieser Art zu lassen. Im übrigen wollen ihr die Toxikologen bis heute keinen uneingeschränkten Freibrief ausstellen. Sie haben im Gelben Knollenblätterpilz nämlich tatsächlich einen

Giftstoff nachweisen können, das Bufotenin, so genannt, weil es auch im Drüsensekret von Kröten (lateinisch: *bufo*) vorkommt. Giftstoff freilich ist ein hartes Wort für eine in Bezug auf uns Menschen doch recht harmlose Substanz. Direkt in die Blutbahn injiziert kann sie zwar leichte psychotrope Wirkungen entfalten, nimmt man sie aber, wie bei Pilzgerichten üblich, durch den Mund auf, so bleiben die Symptome aus.

Bufotenin

Da Vorsicht zu den höchsten Tugenden des Speisepilzsammlers zählt, wird man es den Pilzhandbüchern der Jahrhundertwende bereitwillig verzeihen, wenn sie den weitgehend ungefährlichen Gelben Knollenblätterpilz als tödlich giftig gebrandmarkt haben. In zumindest einem Fall aber hat auch diese Falschinformation schon zu Fehlgriffen beim Pilzesammeln geführt. Dieser „FALL GIRARD" trug sich während des ersten Weltkriegs in Paris zu. Dort war ein gewisser Monsieur Girard auf eine wenig menschenfreundliche Methode verfallen, sich seinen Lebensunterhalt zu erwirtschaften: er schloß Lebensversicherungen auf seine Freunde zu seinen eigenen Gunsten ab, und war sodann bestrebt, das Ableben dieser Leute massiv zu beschleunigen.

Für seine mörderischen Absichten benutzte er verschiedene Gifte, darunter auch Knollenblätterpilze, die dem auserwählten Freund jeweils bei einem festlichen Diner in Girards Wohnung aufgetischt wurden. Der skrupellose Verbrecher war nicht einmal vorsichtig genug, seine tödlichen Waffen heimlich selbst im Wald zu suchen, sondern er beauftragte damit einen Tippelbruder, den man in der Gegend als Vater Theo kannte. Vater Theo aber lieferte ganz nach den Zufälligkeiten des Pilzesammelns manchmal den Grünen und manchmal den Gelben Knollenblätterpilz, und Monsieur Girard war's zufrieden, galten laut Pilzhandbuch doch beide als todbringend.

So konnte es denn kommen, daß einem der hochversicherten Freunde ein schmackhaftes Pilzgericht aufgetischt wurde (Grüne Knollenblätterpilze sollen nach Aussagen einiger unfreiwilliger Probanden recht wohlschmekkend sein), worauf dieser nach Hause ging, erkrankte und starb. Hatte Vater Theo aber ausschließlich Gelbe Knollenblätterpilze gefunden, so mochte sich der Geladene vielleicht im Stillen etwas über die bescheidenen Geschmacksqualitäten an Monsieur Girards Tafel verwundern. Weit größer aber dürfte das Erstaunen auf Seiten von Monsieur Girard gewesen sein, als sein Gast noch Tage später gesund und munter war.

Man kam dem Schurken schließlich auf die Schliche und verhaftete ihn. Als Zeugen traten nicht zuletzt jene Glücklichen auf, denen das Schicksal Gelbe statt Grüne Knollenblätterpilze beschert hatte. Weit belastender noch war die Aussage von Vater Theo, der unfreiwillig zur Schicksalsgöttin geworden war. Monsieur Girard wurde daraufhin verurteilt, ohne seine Morde und die enttäuschenden Erfahrungen mit dem Gelben Knollenblätterpilz jemals gestanden zu haben. Diese mykologischen Lehren zog vielmehr ein pilzbegeisterter Polizeikommissar, der zwar nicht dienstlich mit dem Fall betraut war, ihn aber mit aufmerksamem, wenn auch wohl eher pilzkundlich als kriminalistisch motiviertem Interesse verfolgte.

Übrigens: Die Autoren dieses Buches sind anhand des Falles Girard zu der unabweisbaren Erkenntnis gekommen, daß falsche Angaben in Pilzbüchern über die Giftigkeit bzw. Eßbarkeit einer Art Menschenleben retten können. Wir haben aber fest beschlossen, diese Weisheit nicht in die Tat umzusetzen. Großes Ehrenwort!

Speisemorchel (*Morchella esculenta*)

Morcheln - kulinarische Genüsse der Extraklasse

Speisemorchel - *Morchella esculenta* (L. : Fr.) Pers.
Syn.: *Morchella rotunda* (Pers.) Krombh.

Kennzeichen: Fruchtkörper bis 20 cm hoch; Hut bis 12 cm hoch und bis 10 cm breit, rundlich bis eiförmig, mit vielgestaltigen, rundlichen bis vieleckigen, tiefen Gruben (Aussehen ähnlich einem Naturschwamm), ocker- bis honiggelb, seltener graubraun. Stiel weiß bis ockerlich, kleiig-körnig bis glatt, an der Basis etwas runzelig, hohl. Fleisch elastisch.

In der Regel bringt man Pilzwanderungen und wohlgefüllte Pilzkörbe mit Herbstnebel und buntem Laub in Verbindung. Natürlich, der Herbst ist die Hochsaison des Pilzsammlers. So manch einer aber greift bereits zu Sammelkorb und Messer, wenn sich die Bäume eben erst mit frischem Blattwerk begrünt haben. Gerade der 1. Mai ist für viele Pilzfreunde mit einer unverrückbaren Tradition verbunden: sie überlassen die Feier des Tags der Arbeit den Gewerkschaften und begehen stattdessen den „Tag der Morchel".

Alles ist anders an diesem Tag als bei den Sammelfahrten des letzten Herbstes. Der fluß- oder bachbegleitende Auwald, den man sich zum Ziel genommen hat, wäre damals schon deshalb nicht in Betracht gekommen, weil man sich der fast mannshohen Brennesseln wohl nur mit einer Machete hätte erwehren können. Jetzt dagegen lenken hier Frühlingsblumen von der Pilzpirsch ab und werden je nach Interessenlage freudig bewundert oder nur beiläufig zur Kenntnis genommen. Der suchend zu Boden gerichtete Blick aber ist nicht auf sie und auch nicht, wie im vergangenen Oktober, auf die leuchtend gelben Farben des Pfifferlings oder die runden Wölbungen der Steinpilzhüte programmiert. Nein, auf seltsam wabige und eigentlich ziemlich verrunzelt aussehende Gestalten richtet sich das Begehren: Morcheln!

Spitz-Morchel (*Morchella conica*)

Für eine Morcheljagd kommen aber nicht nur Auwälder in Frage. In jedem Laubbaumbestand auf humusreichem Boden, neben Laubwäldern also auch in Parks oder manchmal sogar im eigenen Garten, könnte die Suche von Erfolg gekrönt sein. Daneben hat die um sich greifende Gepflogenheit, Strauchrabatten und wenig begangene Gartenwege zum Schutz vor aufwachsendem Unkraut mit Rindenmulch zu bestreuen, den Morchelfreunden neue Jagdgründe geöffnet. Nicht selten wachsen die Morcheln hier im ersten Jahr nach Auftragen des Mulchs zu Hunderten, so daß die bepflanzten Trennstreifen zwischen den Parkplätzen des neuen Supermarkts um die Ecke oft wesentlich ergiebiger sind als ein noch so humusreicher Laubwald.

Es lohnt freilich nicht, sich diese Plätze für das nächste Jahr zu merken; die Morchel führt auf solchen Standorten nur ein sehr kurzes und wohl saprophytisches Dasein. In Wäldern dagegen erscheinen die Pilze oft mit großer Zuverlässigkeit alljährlich an derselben Stelle, sie stehen dort vermutlich mit den Laubbäumen in Mykorrhizaverbindung.

Zwar läßt sich eine Morchel wohl kaum mit anderen Pilzen verwechseln; die Abtrennung der verschiedenen Morchelarten untereinander aber stellt selbst die Wissenschaft vor einige Probleme. Denn zwischen gelblich- oder olivgrauen und schwarzbraunen Farbtönungen, zwischen kugeligen und walzigen oder spitzkegeligen Hutgestalten findet man auch alle zugehörigen Übergangsformen. Bei den Morcheln im eigentlichen Sinn, bei denen der Hut bis zu seinem untersten Rand fest mit dem Stiel verwachsen ist, unterscheidet man heute daher meist nur noch zwei Arten: die Speisemorchel erkennt man an ihrer unregelmäßigen Wabenanordnung, während bei der Spitzmorchel die Waben durch nahezu geradlinig von oben nach unten durchlaufende Längs-

rippen getrennt werden. Im übrigen lasse man sich von den Namen der Pilze nicht täuschen: die Spitzmorchel ist ebenfalls ein ausgezeichneter Speisepilz!

Auch die Käppchenmorchel, deren relativ zarter Hut im unteren Teil nicht mehr am Stiel angewachsen ist und die deshalb manchmal „Halbfreie Morchel" genannt wird, eignet sich gut für Topf und Pfanne. Freilich ist der Pilz meist kleiner und damit weit weniger ergiebig als seine Brüder. Wer dagegen das Glück hat, morchelartige Pilze mit nur an der Stielspitze angewachsenen Hütchen zu finden, der freue sich an ihrem Anblick, lasse sie aber am besten im Wald stehen: diese sogenannten Verpeln sind seltene Kostbarkeiten unserer Pilzflora. Das gilt sowohl für die nur fein geaderte Glockenverpel oder Fingerhutverpel als auch und ganz besonders für die Runzel-verpel, auch Böhmische Verpel genannt, mit ihrem stärker gekammerten bzw. gefurchten Hut.

Wer bei der Maifeiertags-Morchelsuche erfolgreich war, muß übrigens nicht sogleich zu Kochlöffel und Küchenschürze greifen, sondern kann auf sein Finderglück auch bedenkenlos bei einem Mittagessen auf der sonnigen Terrasse eines nahegelegenen guten Restaurants anstoßen. Morcheln eignen sich nämlich hervorragend für die Trockenkonser-

vierung, und ein mit getrockneten Morcheln wohlgefülltes Vorratsglas hat schon so manchen Pilzfeinschmecker über den pilzarmen Sommer getröstet. Oder wollen Sie vielleicht einmal liebe Gäste mit einem erlesenen Morchelgericht überraschen?

Unser Lieblingsrezept:

Lachs mit Morcheln im Wok

Lachsfilet (400 g) in 2 cm große Würfel schneiden, salzen, pfeffern, mit Sojasauce und Zitronensaft beträufeln und in Speisestärke wenden. 100 g getrocknete Morcheln in lauwarmem Wasser quellen lassen. 2 Schalotten fein hacken, 100 g Sojabohnen- oder Mungobohnenkeimlinge und Blätter eines Bundes Koriander vorbereiten. 5 Eßlöffel Erdnußöl im Wok erhitzen und die Lachswürfel darin etwa 1 Minute braten, herausnehmen und beiseite stellen. Schalotten andünsten, Pilze dazugeben, kurz anbraten und zusammen mit 3 Eßlöffel des Einweichwassers 2 Minuten kochen lassen. Sojabohnen- oder Mungobohnenkeimlinge, 2 Lorbeerblätter und Korianderblätter zugeben und etwa 1 Minute mitkochen. Abschließend mit Fisch- und Sojasauce abschmecken und den Lachs im Pilzgemüse noch einmal erhitzen.

Käppchen-Morchel, Halbfreie Morchel

Morchella gigas (Batsch : Fr.) Pers.
Syn.: *Mitrophora semilibera* (DC. : Fr.) Lév.

Fruchtkörper bis 20 cm hoch. Hut käppchenförmig, die vertikal getrennten Gruben sind mit unregelmäßigen, vertieften Querrippen geteilt, honig- bis olivbraun, Rippen schwärzend. Stiel weiß bis ockerlich, bis 4 cm dick, längs gefurcht, kleiig, hohl. Eßbar.

Die Käppchen-Morchel wächst vom April bis Mai in Auenwäldern, an Fluß- und Seeufern und ist verbreitet.

Böhmische Verpel, Runzelverpel

Verpa bohemica (Krombh.) Schroet.

Fruchtkörper bis 15 cm hoch. Hut glokkig bis walzenförmig, nur an der Spitze am Stiel angewachsen, sonst frei hängend, unregelmäßig runzelig, Rippen wellig, stark hervortretend, hell- bis dunkelbraun. Stiel ockerlich, hohl, bis zur Hutspitze frei. Fleisch brüchig. Geschmack mild. Eßbar, wegen Seltenheit zu schonen (gefährdete Art).

Die Runzelverpel fruktifiziert in Hainen, Gebüschen und Auwäldern.

Fingerhut-Verpel, Glocken-Verpel

Verpa conica (Müller : Fr) Swartz
Syn.: *Verpa digitaliformis* Pers. : Fr.

Fruchtkörper bis 12 cm hoch. Hut glocken- bis fingerhutförmig, glatt bis fein runzelig, nur der Stielspitze aufsitzend. Fruchtschicht oliv- bis dunkelbraun. Stiel bis 10 cm hoch, weiß bis blaß gelb, hohl, durch dunklere Schüppchen schwach horizontal gebändert. Fleisch brüchig. Eßbar.

Die Fingerhut-Verpel kommt vor allem an Fluß- und Bachufern im Frühjahr vor.

Pfifferling (*Cantharellus cibarius*)

Der Pfifferling - begehrter Lecker-
bissen und „Rote-Liste-Pilz"

Cantharellus cibarius Fr. : Fr.

Kennzeichen: Fruchtkörper dottergelb; Hut bis 5 cm , selten bis 10 cm breit, konvex-polsterförmig, alt trichterförmig vertieft; Rand zunächst eingerollt, dann flatterig verbogen. Unterseite mit breiten, aderig verbundenen Leisten, in den Stiel auslaufend, teilweise gegabelt. Stiel bis 8 cm hoch, zylindrisch bis etwas verjüngt, glatt bis fein filzig und voll. Fleisch weiß bis blaß gelb, brüchig bis faserig. Geruch angenehm, fruchtartig (nach getrockneten Aprikosen).

Der Regensburger Domherr KONRAD VON MEGENBERG sprach ohne Zweifel fließend Latein, denn das war schließlich zu seiner Zeit, dem 14. Jahrhundert, im Abendland die ganz selbstverständliche Sprache von Wissenschaft und Gelehrsamkeit. Die Naturgeschichte aber, die er verfaßte und die ihn vor dem Vergessen der Nachwelt bewahrt hat, schrieb er auf deutsch. Dieses „PUOCH VON DEN NATÜRLEICHEN DINGEN" erzählt uns allerhand Wissenswertes über Himmel und Erde, Menschen und Tiere, und im zehnten Kapitel, pardon: „im X. stuck" erfahren wir sogar etwas über den Pfifferling, der nach Konrad von Megenbergs Angaben ein äußerst gefährlicher, ja tödlich wirkender Giftpilz sein soll:

Deß haben wir ein exempel das einer eins mals het pfifferling geessen und darauff starcken met getruncken, der starb zuhand yechling vor dem vaß on alle gotzrecht darumb sind sy wol zu meiden.

Weiß der Himmel, welche Pilze dem so tragisch Verstorbenen damals zum Verhängnis wurden, Pfifferlinge im heutigen Sinn dürften es jedenfalls wohl kaum gewesen sein. Denn in puncto Pfifferling weiß heute auch jeder pilzunkundige Zeitgenosse besser Bescheid als der gelehrte Domherr. Sie gehören zu unseren besten Speisepilzen, und mancher

Falscher Pfifferling (*Hygrophoropsis aurantiaca*)

Sammler läßt angesichts seines bereits mit Pfifferlingen wohlgefüllten Korbes sogar Steinpilze im Wald stehen.

Leider ist es aber in den letzten Jahrzehnten immer schwieriger geworden, seinen Sammelkorb voller Pfifferlinge zu bekommen. Das blieb natürlich auch den Pilzexperten aus ganz Deutschland, die sich vor einigen Jahren zur Erarbeitung einer Roten Liste trafen, nicht verborgen - dies umso mehr, als auch Experten schließlich keine Kostverächter sind. Und folglich nahmen sie den Pfifferling in die Rote Liste auf.

„Gefährdungskategorie 3 (gefährdet)" steht dort über den Lieblingspilz gar manchen Feinschmeckers zu lesen. Was diese Einstufung konkret bedeutet, wird im Vorspann erläutert: „Derzeit noch nicht seltene Art mit Rückgangstendenz". Und das trifft für den Pfifferling allemal zu.

Die Medien stürzten sich bei der Berichterstattung über die Rote Liste für Pilze förmlich auf diese Einstufung des Pfifferlings. Balkenüberschriften wie „Pflücken verboten! Der Pfifferling stirbt aus" erschienen in manchen Zeitungen. Daß 170 Pilzarten - aber eben nicht der Pfifferling - tatsächlich als „vom Aussterben bedroht" bewertet wurden, war diesen Blättern dagegen weit weniger wichtig. Was aber ist wirklich dran am „Pflücken verboten"?

Nun, rechtlich gesehen besagt die Rote Liste gar nichts. Nicht einmal die von den Experten als „vom Aussterben bedroht" erachteten Pilze genießen den Schutz des Gesetzes. Juristisch maßgeblich ist vielmehr die Bundesartenschutzverordnung. Und hier wird der Pfifferling unter den Arten aufgelistet, die „in geringen Mengen zum eigenen Bedarf" gesammelt werden dürfen. Alles also, was am heimischen Herd in die Pfanne wandert, ist erlaubt, was dagegen gewinnbringend weiterverkauft werden soll, verboten. Dennoch handelt es sich bei den auf unseren Märkten angebotenen Pfifferlingen nicht um Zuchtpilze, sondern um echte Waldpilze. Denn wie bei Mykorrhizapilzen üblich widersetzt sich die Art hartnäckig allen Züchtungsversuchen. Im Ausland gesammelte Importware muß daher den Hunger der Deutschen nach den edlen Pilzen stillen, sofern man sich nicht selbst auf Pirsch begibt oder der Jagderfolg ausbleibt.

Aber Gesetzestext hin oder her, der Rote-Liste-Status verdirbt auch ohne juristische Maßregelung manch verantwortungsbewußtem Naturfreund den Appetit auf eine selbstgesammelte Pfifferlingsmahlzeit. Zu Unrecht, sagen viele Mykologen, denn anders als beim Blumenpflücken vergreife man sich bei Pilzen ja nicht am Vegetationskörper des begehrten Organismus, sondern nur am Fruchtkörper. Und einem Apfelbaum schade es schließlich auch nicht, wenn man seine Früchte ernte. Für andere Fachleute hinkt der Vergleich von Mycel, Fruchtkörper und Spore mit Apfelbaum, Apfel und Apfelkern jedoch ganz erheblich, und sie wollen eine Mitverantwortung der Pilzsammler am Rückgang des Pfifferlings nicht völlig ausschließen.

So richtig klar wird aus der Diskussion um Sammelverbote für den Pfifferling eigentlich nur eines: wie wenig wir bis heute über das Leben und die Lebensbedingungen sogar eines so populären Pilzes wissen. Denn noch ist nicht einmal bekannt, ob es sich hier um einen wirklichen Bestandsrückgang der unsichtbaren Mycelien handelt oder ob diese Mycelien lediglich weniger Fruchtkörper produzieren. Eine durchaus ernstzunehmende Hypothese besagt beispielsweise, daß hauptsächlich die dicker gewordene Streubedeckung unserer Waldböden, bedingt durch den Wegfall der Waldstreunutzung durch die Landwirtschaft, für die geringere Fruchtkörperbildung des Pfifferlings und so manch anderer Pilzart verantwortlich zu machen ist. Andere Experten zitieren lieber die allgemein

bekannten Umweltveränderungen und -zerstörungen. Die Pilzsammler kommen bei den meisten Sachverständigen mit einem Freispruch davon - zumindest die Hauptschuld will ihnen kein einziger der Anwälte des Pfifferlings in die Schuhe schieben.

Mit dieser Rückendeckung der Fachleute wagen nun auch die Autoren dieses Buches zu gestehen, daß sie nach wie vor zu den kulinarischen Endverwertern des Pfifferlings gehören. Jeder, der beispielsweise schon einmal „Lammkeule mit Pfifferlingen in Rahmsauce" gekostet hat, wird für unsere Haltung ein gewisses Maß an Verständnis aufbringen.

Lammkeule mit Pfifferlingen in Rahmsauce

Bratenfond der gegarten Lammkeule mit einem halben Liter Mineralwasser aufkochen; 300 g geschnittene Pfifferlinge, Saft einer halben Zitrone, einen Eßlöffel Dijon-Senf, etwas Thymian zugeben und 15 Minuten leicht kochen lassen. Vor dem Servieren 0,25 l Sahne unterrühren und mit Salz und Pfeffer abschmecken.

Sollte sich Ihre Pfifferlingsmahlzeit übrigens als vollkommen geschmacklos erweisen, so hätten wir eine Idee zur Ursachenforschung: Kennen Sie den Falschen Pfifferling? Der sieht dem echten nicht nur durch seine Färbung nämlich ziemlich ähnlich, offenbart sich in kulinarischer Hinsicht aber als taube Nuß. Giftig ist er jedoch nicht, weshalb viele Pilzbücher diese Verwechslungsgefahr verschweigen. Vermutlich wandert dieser Pilz gar nicht so selten in die Kochtöpfe, denn während der Pfifferling immer seltener wird, scheint sich sein Doppelgänger weiter auszubreiten. Vielleicht haben ja doch jene recht, die den vermehrten Eintrag von Nährstoffen aus der Luft in unsere Wälder für den Rückgang des eher nährstoffarme Böden bevorzugenden Pfifferlings verantwortlich machen. Das geschmacklose Double fühlt sich unter diesen Umstän-

Starkriechender Pfifferling

Cantharellus lutescens Fr.

Hut bis 6 cm breit, dünn, trichterig, oft durchbohrt, filzig bis faserig-schuppig, gelb- bis orangebraun. Unterseite aderig-runzelig, dunkel orange-rosa-gelb. Stiel bis 7 cm hoch, zylindrisch, hohl, glatt, gelb, oft rotgelb getönt. Fleisch weich, dünn, faserig. Geruch angenehm, fruchtig, stark obstartig. Eßbar.

Der Starkriechende Pfifferling wächst vom Sommer bis Herbst in moosigen Nadelwäldern, gerne auf Kalkböden.

den dagegen eher noch wohler, es verträgt sogar Gülledüngung.

Es gilt also, kritisch zu sein. Die besten Unterscheidungsmerkmale zwischen beiden Arten bietet die Hutunterseite. Denn der Falsche Pfifferling ist ein Blätterpilz, besitzt also senkrecht stehende, dünne Lamellen mit ebenen Flächen an beiden Breitseiten. Den echten Pfifferling dagegen ordnen die Mykologen bei den Nichtblätterpilzen ein und bezeichnen seine derberen, stumpfen, vom Hutrand zum Stiel verlaufenden Erhebungen als „Leisten". Auch die Färbung der Hutunterseite hilft beim Unterscheiden: während die Lamellen des Falschen Pfifferlings meist leuchtend orange

erscheinen, wirkt die „Leistengegend" und der Stiel beim „richtigen" Pilz deutlich blasser.

Lassen Sie sich durch solch umständlich formulierte Differenzierungskriterien jetzt bitte nicht entmutigen. Die Unterscheidung der beiden Pilzarten ist leichter als Sie denken. Hat man seinen Blick erst einmal geschärft, erkennt man meist bereits aus einigen Metern Entfernung, welchen der beiden Pilze man nun vor sich hat. Und ärgern Sie sich auch nicht allzu sehr, wenn sie dann feststellen, daß der Falsche Pfifferling in unseren Wäldern heute in der Regel der weitaus häufigere von beiden ist. Dafür mundet der echte Pfifferling dann umso besser!

Totentrompete, Herbsttrompete

Craterellus cornucopioides (L.) Fr.

Fruchtkörper trichter- bis trompetenförmig, dünnfleischig, bis 12 cm hoch und bis 5 cm breit. Innenseite des Trichters schwarz bis schwarz-braun, schwach längsgestreift, gerieft; Außenseite mit der Fruchtschicht grau bis grau-schwarz, matt, bereift, runzelig-aderig. Fleisch häutig. Geruch aromatisch. Eßbar.

Die Totentrompete fruktifiziert im Herbst zwischen Laubstreu und Moos in Laubwäldern, vor allem bei Buchen.

Steinpilz (*Boletus edulis*)

Der Steinpilz - ein „Schweinpilz"?

Boletus edulis Bull. : Fr.

Kennzeichen: Hut bis 15 cm breit, feucht klebrig, trocken glänzend, kahl, hell- bis dunkelbraun. Röhren anfangs weiß, dann gelb bis olivgrün. Stiel bis 15 cm hoch und bis 6 cm im Durchmesser, schlank bis keulig mit weißem Netz auf weißlichem bis blaß braunem Grund. Fleisch weiß, im Schnitt nicht verfärbend.

MARTIAL, der Meister des satirischen Epigramms, war ein Schandmaul, wenn auch ein Schandmaul von Format. Vor seiner spitzen Feder war keiner seiner Zeitgenossen im ersten nachchristlichen Jahrhundert sicher. Einem Gastgeber etwa wirft er vor:

Wir kriegen die Steinpilze,
aber die Kaiserlinge frißt du alle allein!

Der große Spötter wußte wohl um die Vorlieben und Schwächen seiner Mitmenschen: die Oberschicht des antiken Roms war kulinarischen Genüssen leidenschaftlich ergeben. Und Pilze standen in der Rangliste der Delikatessen ganz weit oben. Allen voran der „Kaiserling", ein naher, aber ungiftiger und überaus wohlschmeckender Verwandter der Knollenblätterpilze, den sie *boletus* nannten. Während der vielen Jahrhunderte bis zur Einführung der noch heute gültigen wissenschaftlichen Nomenklatur ging dieser Name dann jedoch vom Lamellenpilz Kaiserling auf die Röhrenpilze, also den Steinpilz und seine Verwandten über. *Boletus edulis*, so lautet heute die korrekte wissenschaftliche Bezeichnung des Steinpilzes.

Auch diesen Steinpilz kannten die Alten Römer sehr wohl und sammelten ihn als guten Speisepilz, wenngleich uns obiges Epigramm lehrt, daß er nicht die hervorragende Wertschätzung des Kaiserlings genoß. *Suillus* wurde er genannt, ein Name, der sich wohl vom

131

Gallenröhrling (*Tylopilus felleus*)

lateinischen Wort für „Schwein" (*sus*, Genitiv: *suis*) ableitet. Die heute in Italien gebräuchliche Bezeichnung *porcino* geht übrigens auf ein anderes lateinisches Wort für Schwein, *porcus,* zurück. Was die früheren Bewohner des italienischen Stiefels am Steinpilz so sehr an ein Schwein erinnerte, muß allerdings Spekulation bleiben. Wir wissen nur, daß beiden ihre kulinarische Hochachtung gegolten hat.

Hierzulande freilich scheint man erst sehr viel später Geschmack am Steinpilz gefunden zu haben. Noch im Mittelalter wußte man nördlich der Alpen offenbar nichts von ihm. Eine der ersten uns bekannten Erwähnungen eines deutschen Namens stammt aus dem Jahre 1601: *Bültz*, so teilt uns CAROLUS CLUSIUS mit, werde die Gattung von den Deutschen genannt, und Sprachwissenschaftler erklären uns heute, daß das Wort auf den lateinischen *boletus* zurückgehe. Schließlich aber wurde

der *Bültz* so populär, daß sein Name im deutschen Sprachraum für alle möglichen Gewächse dieser Form herhalten mußte. Und welche ungeheure Vielfalt verschiedener Arten der Begriff „Pilz" heute abdeckt, davon vermag auch dieses Buch nur eine blasse Ahnung zu vermitteln.

Der Pilz, dem diese Bezeichnung einstmals vornehmlich gebührte, hatte seinen Namen also sozusagen an die Allgemeinheit abgetreten und benötigte wieder eine spezifisch auf ihn selbst gemünzte Benennung. Daß dabei ausgerechnet so etwas Unkulinarisches wie ein Stein zum Namenspatron erkoren wurde, erscheint freilich höchst unplausibel. Oder dachte man auch in deutschen Landen bei diesem Pilz, dem Vorbild der Italiener folgend, vielmehr an ein Schwein? Sollte der Steinpilz vielleicht eigentlich ein „Schweinpilz" sein, der lediglich einer Lautveränderung zum Opfer gefallen ist?

Vielen Menschen gilt der Steinpilz bis heute als der Speisepilz schlechthin. Im Vergleich zum (intensiver schmeckenden) Pfifferling etwa hat er ein vielfaches an Masse zu bieten, wozu sein dickfleischiger Stiel nicht wenig beiträgt. Weniger erfahrene Pilzliebhaber zählen darüberhinaus gerne die Röhren der Hutunterseite zu den Pluspunkten des Steinpilzes. Die sollten zwar bei älteren Exemplaren während des Putzens entfernt werden, da sie recht schwammig sind. Einer weitverbreiteten Meinung zufolge aber geben sie dem Sammler die Gewißheit, daß ihm keine Verwechslung mit irgendeinem gefährlichen Giftpilz unterlaufen ist.

Tatsächlich scheinen sich unter den Röhrlingen nur wenige giftig wirkende Arten zu finden. In gekochtem Zustand wird meist lediglich der Satanspilz (siehe nachfolgendes Kapitel) als solcher eingestuft, und auch das bezweifeln heute manche Mykologen. Als Rohpilz genossen können darüberhinaus auch einige weitere rotfüßige Röhrlinge Verdauungsbeschwerden verursachen, und der sehr seltene, ebenfalls rotfüßige Ochsenröhrling soll nach neuesten Erkenntnissen eine Alkoholunverträglichkeit auslösen. Beschränkt man sich aber auf die Röhrlinge ohne rote Farbtöne, so bewegt man sich zumindest in Mitteleuropa offenbar tatsächlich auf giftpilzfreiem Terrain.

Das heißt freilich nicht, daß diese nicht roten Röhrlinge durchwegs gute Speisepilze wären. Gerade Steinpilzliebhaber wissen ein Lied von der Verwechslungsgefahr mit dem Gallenröhrling zu singen. Dieser Pilz, auch Bitterpilz genannt, kann unserem Steinpilz gerade in jungem Zustand wirklich täuschend ähnlich sehen. Doch welch ein Unterschied im Geschmack: im Gegensatz zum angenehmen Aroma des Steinpilzes kann man seinen gallebitteren Doppelgänger nur schleunigst wieder ausspucken, und ein einziger versehentlich in den Kochtopf gewanderter Gallenröhrling verdirbt hoffnungslos das mit großer Vorfreude erwartete Steinpilzmenü.

Dabei ist der Gallenröhrling durchaus kein seltener Pilz. Zwar gibt es Jahre, in denen er praktisch völlig ausbleibt, in anderen Jahren kann es aber auch zu einer wahren Massenentwicklung kommen. Wohl dem, der dann nicht jeden Fruchtkörper anbeißen muß, um beide Arten zu unterscheiden, sondern um die äußerlichen Trennmerkmale weiß: das grobe braune Netz, das den Stiel des Gallenröhrlings im Gegensatz zur weißlichen Stielzeichnung des Steinpilzes kennzeichnet, und die rosafarbenen Poren älterer Gallenröhrlinge, während sie beim Steinpilz weißlich bleiben oder einen gelbgrünen Stich bekommen.

Wer sich nicht nur in kulinarischer, sondern auch in wissenschaftlich-taxonomischer Hinsicht für den Steinpilz interessiert, muß seinen Fund allerdings noch genauer unter die Lupe nehmen. Am häufigsten wird es sicher der Gewöhnliche Steinpilz oder Fichtensteinpilz sein, so genannt, weil er am liebsten mit Fichten, nicht selten aber auch mit anderen Nadelbäumen in Mykorrhizasymbiose lebt. Fast nur unter Kiefern kommt dagegen der rotbraune Kiefernsteinpilz vor. Und der Sommersteinpilz, so genannt wegen seiner frühen Erscheinungszeit von Juni bis August, bevorzugt ebenso wie der Schwarzhütige Steinpilz warme Laubwälder mit Buchen und Eichen.

Dem Küchenmykologen dagegen kann es egal sein, welche Art, Unterart oder Varietät des Steinpilzes er nun in seinem Körbchen hat, denn schmackhaft sind sie alle!

Steinpilze in Basilikumöl

Steinpilze (500 g) putzen und in Scheiben schneiden. 6 Eßlöffel Olivenöl in einer Pfanne erhitzen, die Pilzscheiben darin von beiden Seiten goldbraun braten, dann mit Salz und Pfeffer würzen. 3 fein ge-hackte Knoblauchzehen und grob gehackte Blätter von 2 Bund Basilikum zugeben, vorsichtig mischen und sofort servieren.
Dazu empfehlen wir frisches Baguette und einen trockenen Weißwein.

Kiefern-Steinpilz

Boletus pinophilus Pil. & Dermek
Syn.: *Boletus pinicola* (Vitt.) Venturi

Hut bis 15 cm breit, konvex, matt, runzelig-höckerig, dunkel braunrot. Röhrenmündungen weißlich, dann gelbbräunlich. Stiel keulig bis bauchig, rötlichbraun, Spitze mit weißlichem Netz. Fleisch weiß, fest, nicht verfärbend.

Der Kiefernsteinpilz wächst vom Sommer bis Herbst in Nadelwäldern und ist vermutlich an die Kiefer gebunden; die nicht häufige Art gilt heute als gefährdet.

Netzstieliger Hexenröhrling

Boletus luridus Schaeff. : Fr.

Hut bis 20 cm breit, glatt, matt, angedrückt filzig, olivgelb bis olivbraun, an Fraßstellen weinrot fleckend. Röhrenmündungen olivgelb, dann orangerot bis rot, auf Druck blauend. Stiel zylindrisch-bauchig, obere Hälfte gelblich mit rötlichem, langgestrecktem, grobmaschigem Netz; auf Druck grünblau verfärbend.

Dieser Hexenröhrling fruktifiziert in Laub- und Nadelwäldern auf kalkhaltigen Böden und ist verbreitet. Giftig.

Maronen-Röhrling

Xerocomus badius (Fr. : Fr.) Gilb.

Hut bis 12 cm breit, glatt, feucht schmierig, trocken filzig-samtig, kastanienbraun. Röhrenmündungen blaß gelb, dann grüngelb, auf Druck blauend. Stiel zylindrisch, fein längsfaserig, glatt, hell rotbraun. Fleisch weißlich, im Schnitt blauend. Eßbar.

Der Maronen-Röhrling kommt vom Sommer bis Herbst in Nadel-, seltener in Laubwäldern auf sauren Böden vor und ist häufig.

Satanspilz (*Boletus satanas*)

Von Teufeln, Blut und Totenschädeln

Der Satanspilz - *Boletus satanas* Lenz

Kennzeichen: Hut bis 25 cm breit, gewölbt bis ausgebreitet, trocken, silbergrau bis fast weiß. Röhren gelb mit karminroten Poren (Mündungen), auf Druck blaugrün verfärbend. Stiel bis 10 cm hoch, auffallend kurz, sehr dick und keulig, an der Spitze gelblich, gegen die Basis karminrot, zum größten Teil mit karminrotem Netz überzogen. Fleisch weißlich, schwach blauend, Geruch im Alter sehr unangenehm (aasartig).

Stellen Sie sich vor, Sie seien alleine beim Pilzsammeln tief im Wald. Plötzlich sehen Sie etwas zwischen der Laubstreu hervorlugen, etwas Rundes, Bleiches - ein menschlicher Totenschädel! Oder etwa nicht? Beklemmtes Starren, doch es siegt die Neugier. Ein Stock ist gleich bei der Hand, und aufs Schlimmste gefaßt dreht man das geheimnisvolle Ding etwas zur Seite. Gottlob - nur ein Pilz! Aber welch ein Pilz! Geformt zwar wie ein Steinpilz, doch blutiges Rot leuchtet einem unter dem blassen Hut von Stiel und Röhren entgegen. Dazu der Geruch - Aasgeruch, ja, ganz deutlich nach verwesendem Fleisch ... Würden Sie einen solchen Fund in den Kochtopf wandern lassen? Sicher nicht.

Die Menschen früherer Jahrhunderte glaubten noch daran, daß die Pflanzen ihnen durch ihre äußere Erscheinung Hinweise auf Nützlichkeit oder Giftigkeit vermitteln wollten. Das gelappte Blatt des Leberblümchens beispielsweise soll Ähnlichkeit mit Leberlappen haben und wurde daher in der Volksmedizin als Heilmittel gegen Leberleiden eingesetzt. Die Stinkmorchel, die einen erigierten Penis imitiert, mußte als Aphrodisiakum und Potenzmittel herhalten. Und was so auffällig mit den Attributen von Tod und Verwesung versehen war wie der oben beschriebene Pilz, war selbstverständlich tödlich giftig.

Schönfuß-Rohrling (*Boletus calopus*)

Wir heutigen Menschen lehnen den Glauben an solche Fingerzeige der Natur verstandesmäßig ab. Doch beim Fund dieses Pilzes können wir vielleicht gefühlsmäßig nachvollziehen, was unsere Vorfahren veranlaßte, ihn mit den Namen Satanspilz, Teufelspilz oder Blutschwamm zu belegen und ihn bis in unser Jahrhundert hinein als einen der gefährlichsten Giftpilze zu fürchten. Was aber ist wirklich dran an der Giftigkeit dieses „Satans"?

Todesfälle, die dieser Pilz verursacht haben soll, sind offenbar keine verbürgt. Dagegen existieren Berichte, wonach der Satanspilz in gut abgekochtem Zustand durchaus vertragen wurde. Aber auch Fälle, in denen er, obwohl gründlich gegart, Darmbeschwerden verursacht habe, werden überliefert. Roh genossen ist er in jedem Fall giftig, und diese Eigenschaft teilt er mit einer Reihe von anderen rotfüßigen (im Volksmund „Hexenröhrlinge" genannten) dickfleischigen Röhrenpilzen.

Als Speisepilz scheidet der Satansröhrling somit zweifelsohne aus. Auch der bei älteren Exemplaren deutliche Aasgeruch wirkt ja nicht gerade appetitanregend, obwohl gerade junge Pilze einen keinesfalls unangenehmen Geschmack besitzen sollen. Und schließlich gehört die Art auch nicht zu den Allerweltspilzen, sondern zu den Juwelen unserer Pilzflora. Stark gefährdet sei sie, so gibt uns die Rote Liste Auskunft. Und am ehesten läßt sich *Boletus satanas* noch in wärmebegünstigten Buchen- und Eichenwäldern auf Kalkböden finden - dort also, wo auch Orchideenfreunde und Trüffeljäger auf ihre Kosten kommen könnten!

Trotz Todes- und Teufelsassoziationen daher: Herzlichen Glückwunsch an den, der diesen Pilz entdeckt! Für den wahren Naturfreund bedeutet solch ein Fund zweifellos mehr als ein Korb voller Steinpilze. Am schönsten wäre natürlich beides ...

Birkenrotkappe (*Leccinum versipelle*)

Die Rotkäppchen des Waldes: hochspezialisierte Mykorrhizapilze und äußerst wohlschmeckend!

Birkenrotkappe - *Leccinum versipelle* (Fr.) Snell
Syn.: *Leccinum testaceoscabrum* (Secr.) Singer

Kennzeichen der Birkenrotkappe: Hut bis 16 cm breit, konvex-polsterförmig; Oberfläche feucht etwas schmierig, trocken filzig, matt, orangegelb bis orangefuchsig. Röhren und Mündungen schmutzig weißlich bis graulich. Stiel bis 20 cm hoch und bis 5 cm im Durchmesser, zylindrisch-keulig; Oberfläche mit schwarzen Schüppchen auf weißem Grund; auf Druck bläulich verfärbend. Fleisch weiß, im Schnitt blau bis grünlichblau verfärbend.

Rotkappen stehen wohl bei jedem Speisepilz-jäger ganz weit oben auf der Wunschliste für den Sammelkorb. Diese großen, ergiebigen Fruchtkörper mit ihrem hervorragenden Geschmack und ihrem festen, nur selten von Insektenlarven befallenen Fleisch scheinen aber auch wie geschaffen für Kochtopf und Pfanne.

Der erfahrene Küchenmykologe weiß natürlich auch, an welchen Stellen er die begehrten Köstlichkeiten finden kann: wo nur Fichten, Kiefern oder Buchen stehen, ist die Suche praktisch aussichtslos. Nein, gezielt steuert er in den Wald eingestreute Birken oder Zitterpappeln (Espen) an. Hier, in unmittelbarer Umgebung dieser Bäume sind die Erfolgsaussichten am größten, aber auch unter Eichen kann man bisweilen fündig werden.

Was viele Sammler nicht wissen: bei den Rotkappen unter Birken, Espen und Eichen handelt es sich eigentlich um drei verschiedene Pilzarten, die der Fachmann anhand gewisser Farbunterschiede etwa bei den Schuppen am Stiel durchaus unterscheiden kann. Alle drei sind sie hochspezialisierte Mykorrhizapilze, lebensfähig ausschließlich in Symbiose mit nur einer ganz bestimmten, mit „ihrer" Baumgattung. Und sollten wirklich einmal eine Rotkappe in einem reinen Kiefer- oder Fichten-

Kiefern-Rotkappe, Fuchsröhrling

Leccinum vulpinum Watl.

Hut bis 12 cm breit, fuchsig-rotbraun, angedrückt feinschuppig. Röhren weiß, Mündungen weißlich, auf Druck dunkelnd. Stiel mit rotbraunen bis braunschwarzen Schüppchen auf weißem Grund. Fleisch weiß, im Schnitt schwach verfärbend.

Die Kiefern-Rotkappe wächst vom Sommer bis Herbst unter Kiefern, z.B. in sandigen, flechtenreichen Kiefernheiden; die Art ist selten.

bestand stehen, so ist hier nicht etwa eine Birken-, Espen- oder Eichenrotkappe fremdgegangen. Denn auch diese Bäume haben ihre jeweils eigenen, auf sie spezialisierten Rotkappenarten, die bei uns jedoch recht selten sind.

Überaus häufig sind aber auch die anderen Rotkappen keineswegs. Ihr Bestand scheint sich vielerorts in den letzten Jahrzehnten stark rückläufig zu entwickeln, die Eichenrotkappe ist mittlerweile in Deutschland sogar als „gefährdet" auf die Rote Liste geraten. Ob hierfür auch die Pilzsammler mit ihrer Begehrlichkeit zur Verantwortung zu ziehen sind - wir haben die Frage bereits beim Pfifferling angeschnitten und nicht endgültig beantworten können, doch scheint deren Mitschuld eher gering zu sein. Man möge den Autoren deshalb verzeihen, wenn sie gestehen, daß auch sie nur überständige Rotkappen im Wald belassen. Festfleischige Exemplare dagegen werden in der heimischen Küche verarbeitet.

Crêpes mit Pilzfüllung

50 g Butter in einer Pfanne schmelzen, 250 g fein gewürfelte Zwiebeln darin glasig werden lassen, 750 g in Scheiben geschnittene Rotkappen dünsten, mit Salz und Pfeffer würzen, dann einen Bund fein gehackte Petersilie und einen Bund klein geschnittenen Schnittlauch unterziehen.

40 g Mehl, 1/4 l Milch, 2 Eier und etwas Salz zu einem Teig verrühren; Teig in einer Crêpepfanne zu 4 Crêpes goldbraun backen. Pilzfarce auf die Crêpes streichen und zu Rollen aufwickeln. Die Rollen in eine ofenfeste, ausgefettete Form geben und 200 g Crème fraîche darübergießen; anschließend 10 Minuten im Grill bräunen und noch heiß servieren.

Ein kleiner Hinweis zur Beruhigung: Sie werden feststellen, daß Ihre Pilze bei der Zubereitung sehr schnell schwarz werden. Diese Verfärbung gehört unausweichlich zu jedem Rotkappengericht! Die dabei durch Oxidation entstehenden Substanzen sind aber weder giftig noch beeinträchtigen sie den Geschmack in irgendeiner Weise. Lassen Sie sich dadurch also nicht die Freude an Ihren Rotkappen verderben - gesegnete Mahlzeit!

Eichen-Rotkappe

Leccinum quercinum (Pil.) Pil.

Hut bis 15 cm breit, konvex bis abgeflacht, glatt, trocken feinfilzig, feucht
schwach schmierig, ziegelrot bis kastanienbraun. Röhrenmündungen weiß, dann
grau bis olivgelb. Stiel bis 20 cm hoch,
mit weißlichen, dann braunen bis
schwärzlichen Schüppchen besetzt.
Fleisch weiß, im Schnitt rosa anlaufend.

Die Eichen-Rotkappe wächst vom Sommer bis Herbst in Laubwäldern unter
Eichen und ist selten (gefährdete Art).

Espen-Rotkappe

Leccinum rufum (Schaeff.) Kreisel
Syn.: *Leccinum aurantiacum* (Bull.) S.F. Gray

Hut bis 15 cm breit, konvex bis polsterförmig, glatt, fein filzig, orange bis rotbraun. Röhrenmündungen weiß, dann
olivgrau. Stiel bis 12 cm hoch, zylindrisch bis bauchig, weiß mit orangeroten
Schüppchen. Fleisch weiß, fest, im
Schnitt violett-schwärzlich verfärbend.

Die Espen-Rotkappe fruktifiziert als
Mykorrhizapilz der Espe auf Heiden und
in lichten Laubwäldern, nicht häufig.

Hainbuchen-Rauhfuß

Leccinum carpini (R. Schulz) Mos.

Hut bis 10 cm breit, halbkugelig bis
abgeflacht, glatt, runzelig bis felderig-
rissig, hell- bis porphyrbraun. Röhrenmündungen weiß bis graugelblich, bei
Berührung schwärzend. Stiel zylindrisch, mit grau-schwärzlichen Schüppchen besetzt. Fleisch zäh, im Schnitt violett-schwärzlich verfärbend.

Der Hainbuchen-Rauhfuß kommt vom
Sommer bis Herbst besonders unter
Hainbuchen vor und ist bodenvag.

Rosa Schmierling (*Gomphidius roseus*) zusammen mit dem Kuhröhrling (*Suillus bovinus*)

Der Rosa Schmierling: Leben in einer Dreierbeziehung

Gomphidius roseus (Fr.) Fr.

Kennzeichen: Hut bis 5 cm breit, konvex, dann abgeflacht mit niedergedrücktem Zentrum, alt trichterförmig; Oberfläche schmierig, karminrot, dann schmutzig rot und etwas ausblassend. Lamellen weiß, dann grau, sichelförmig am Stiel herablaufend. Stiel bis 5 cm hoch, gegen Basis zugespitzt, im oberen Teil mit ringartiger Zone, unterhalb auf weißem Grund braun längsfaserig, im feuchten Zustand schleimig. Fleisch weiß, unter der Huthaut rot, weich; Geschmack mild.

Was die Bindung an einen bestimmten Mykorrhizawirt angeht, so steht dieser hübsche kleine Pilz den eben besprochenen Rotkappen in keiner Weise nach. Kiefern, ausschließlich Kiefern kommen für den Rosa Schmierling als Baumpartner in Betracht. Doch damit nicht genug der Spezialisierung, denn er geht diese Mykorrhiza-Ehe mit einer Kiefer offenbar nie alleine, sondern nur gemeinsam mit einem weiteren Pilz ein. Und auch in Bezug auf diesen Pilzpartner weiß der Rosa Schmierling genau, was er will: einzig und allein der Kuhröhrling, eine ebenfalls strikt an Kiefern gebundene Art, kommt dafür in Frage, nur mit diesem zusammen kann er die feinen Kiefernwurzeln ummanteln und durchwachsen. Das Ergebnis ist eine Dreiermykorrhiza zwischen zwei Pilzen und einem Baum, und es spricht vieles dafür, daß der Rosa Schmierling ohne dieses Dreiecksverhältnis überhaupt nicht lebensfähig wäre.

Selbst bei der Bildung seiner Fruchtkörper scheint unser Pilz darauf angewiesen zu sein, daß sich auch der Kuhröhrling dazu entschließt. Und so findet man ihn immer nur in Gesellschaft des größeren Bruders, manchmal sind sogar die unteren Stielenden beider Pilze noch miteinander verwachsen. Nein, Selbständigkeit ist nicht gerade eine Stärke des Rosa Schmierlings.

140

Kahler Krempling (*Paxillus involutus*)

Der Kahle Krempling:
Vorsicht Pilzallergie!

Paxillus involutus (Batsch : Fr.) Fr.

Kennzeichen: Hut 5-12 cm breit, jung konvex, bald abge-flacht; Oberfläche glatt, feucht schmierig, trocken fein ein-gewachsen filzig, ocker- bis olivbraun, rostbraun, an Druck-stellen dunkel fleckend. Lamellen ockergelb bis olivocker, auf Druck nach 10-30 Sekunden braun fleckend, dann braunschwarz. Stiel 3-7 cm hoch, 1-2 cm im Durchmesser, zylindrisch, glatt, längsfaserig, graugelb bis ockerbräunlich. Fleisch schwammig weich. Geruch angenehm aromatisch.

Bei unseren osteuropäischen Nachbarn gilt der Kahle Krempling als guter Speisepilz und wird auf den Märkten häufig zum Verkauf angeboten. Andererseits findet man in der Literatur auch Berichte, denen zufolge Leute aufgrund einer mit diesem Pilz zubereiteten Mahlzeit verstorben sind. Die Umstände die-ser Vergiftung sind, auch wenn sie nicht zum Tod führt, meist rätselhaft. Oft hat der Ver-storbene den Kahlen Krempling jahre- oder gar jahrzehntelang beschwerdefrei gegessen. Und den übrigen Tischgenossen ist die Mahl-zeit doch auch gut bekommen! Giftpilz oder Speisepilz?

Eigentlich handelt es sich bei den unter dem Namen „*Paxillus*-Syndrom" zusammengefaß-ten Fällen nicht um Pilzvergiftungen im her-kömmlichen Sinn, sondern um eine Nah-rungsmittelallergie. Sie tritt daher wie jede Allergie nicht schon beim ersten Kontakt mit dem Allergen auf. Und betroffen sind, auch das ein typisches Merkmal von Allergien, stets nur Einzelpersonen, während etwa nach einer Knollenblätterpilz-Mahlzeit die ganze Tisch-gesellschaft ins Krankenhaus muß.

Der Inhaltsstoff des Pilzes, der diese Allergie verursacht, das Antigen also, ist bis heute völ-lig unbekannt. Seine Wirkungen kennt man jedoch sehr wohl: Der Komplex aus diesem

Samtfuß-Krempling

Paxillus atrotomentosus (Batsch: Fr.) Fr.

Hut bis 30 cm breit, jung fein samtig, im Alter kahl, rost- bis dunkelbraun; Rand lange eingerollt. Lamellen blaß gelb, auf Druck braunfleckend. Stiel exzentrisch, kompakt, braun- bis schwarzbraun-filzig. Geschmack bitter.

Der Samtfuß-Krempling wächst vom Frühsommer bis Herbst auf Stümpfen und toten Wurzeln von Nadelbäumen, vor allem Kiefer, und ist weit verbreitet und häufig.

Antigen und dem vom Menschen gebildeten Antikörper lagert sich an die Oberfläche der roten Blutkörperchen an, die daraufhin zusammenklumpen und sich auflösen. Immunhämolyse nennt der Fachmann diesen Vorgang, und die daraus resultierende Blutarmut kann in schweren Fällen zu Nierenversagen und zum Tod führen.

Merkwürdig ist, daß es gerade in Osteuropa, wo der Pilz so häufig gegessen wird, bisher offenbar noch zu keinen Todesfällen durch den Kahlen Krempling gekommen ist. Es könnte sein, daß der für die Immunreaktion verantwortliche Stoff in den osteuropäischen Rassen der Art kaum vorkommt. Bei uns in Mitteleuropa aber muß der Pilz als gefährlich gelten, und jeder Speisepilzsammler sollte unbedingt die Finger von ihm lassen.

Man muß freilich zugeben, daß die durch den Kahlen Krempling verursachte Immunhämolyse auch bei uns recht selten vorkommt. Das gilt zumindest für die bekannt gewordenen Fälle, denen gegenüber die Dunkelziffer wohl deutlich höher liegt. Denn zumindest leichtere Fälle des *Paxillus*-Syndroms werden sicher häufig nicht als solche erkannt. Allerdings darf man nicht jedes Unwohlsein nach einer Kremplingsmahlzeit als *Paxillus*-Syndrom deuten. Kann doch der Pilz, wenn er nicht lange genug gegart wurde, heftige Magen-Darm-Beschwerden hervorrufen, die mit einer Immunreaktion nicht das Geringste zu tun

haben. In rohem Zustand muß die Art daher schlichtweg als Giftpilz bezeichnet werden.

Man hat sich in deutschen Pilzberatungsstellen seit langem an die vielen Speisepilzsammler gewöhnt, die ratsuchend ihren Korb voller Kahler Kremplinge vorweisen. Die Art ist ohne Zweifel einer unserer allerhäufigsten (Groß-)Pilze überhaupt. Sie läßt sich in praktisch jedem Wald finden, sei er trockenwarm, wechselfeucht oder moorig, sei es ein Laub- oder Nadelholzbestand. Aber auch außerhalb der Wälder, unter beliebigen Park-, Straßen- und Gartenbäumen wächst sie sehr oft. Denn auf das Zusammenleben mit Bäumen ist der Kahle Krempling als Mykorrhizapilz zwar angewiesen, was die Baumart, Bodenverhältnisse und sonstige Umweltfaktoren anbelangt, scheint er jedoch keineswegs wählerisch zu sein.

Angesichts dieser Tatsachen mutet es geradezu paradox an, daß der Pilz den meisten Gelegenheitssammlern hierzulande völlig unbekannt ist. Dabei verlockt so vieles zu einer Mahlzeit: das frühe Erscheinen bereits ab dem ansonsten oft so pilzarmen Sommer, die gerade unter Laubbäumen meist sehr stattlichen Fruchtkörper, das zahlreiche Auftreten gleich in der Grünanlage nebenan - was hilft's: lassen wir halt in Gottes Namen die Finger davon. Zu den ausgesprochenen Delikatessen soll der Kahle Krempling, wie man hört, sowieso nicht zählen.

Orangefuchsiger Rauhkopf (*Cortinarius orellanus*)

Pilze für Meuchelmörder: Orangefuchsiger und Spitzkegeliger Rauhkopf

Orangefuchsiger Rauhkopf
Cortinarius orellanus (Fr.) Fr.

Spitzkegeliger Rauhkopf
Cortinarius rubellus Cooke
Syn.: *C. speciosissimus* Kühn. & Romagn.

Kennzeichen von *Cortinarius orellanus*: Hut bis 8 cm breit, gewölbt bis ausgebreitet, oft flach gebuckelt; Oberfläche trocken, fein haarig-filzig, im Alter auch fast kahl, orange- bis rotbraun. Lamellen entfernt stehend, orangebraun. Stiel bis 10 cm hoch, zylindrisch, jung gelb, später von der Basis her bräunend, ohne Velumreste. Geruch schwach rettichartig. Geschmack mild.

Kennzeichen von *Cortinarius rubellus*: Hut bis 8 cm breit, spitzkegelig bis ausgebreitet, radialfilzig, lebhaft orange- bis rotbraun. Lamellen entfernt stehend, rotbraun. Stiel bis 15 cm hoch, zylindrisch; Oberfläche faserig oder mit gelblichen Velumgürteln auf rotbraunem Grund. Geruch schwach rettichartig.

Natürlich wollen wir hier um Himmels willen niemanden zu Mordtaten anstiften. Wir wollen lediglich zwei Pilze vorstellen. Aber diese beiden Pilze haben eine gemeinsame Eigenheit, die sie zu idealen Werkzeugen hinterlistiger Anschläge auf das Leben der Mitmenschen macht: Es sind tödliche Giftpilze mit enorm langer Latenzzeit. Auch wenn man große Mengen ißt, treten die ersten Symptome frühestens nach einigen Tagen auf, bei kleineren Giftmengen dauert es manchmal sogar länger als zwei Wochen - wer denkt da noch an einen Zusammenhang mit dem lange zurückliegenden Pilzgericht?

Eben die extremen Latenzzeiten waren auch der Grund, warum man diesen Arten erst sehr spät auf ihre hinterlistigen Schliche kam und sie überhaupt als Giftpilze erkannte. Es war 1952, als in Polen, in der Gegend zwischen Posen und Bromberg, über hundert Fälle einer rätselhaften Krankheit registriert wurden, die

Spitzkegeliger Rauhkopf (*Cortinarius rubellus*)

in schweren Fällen immer mit eindeutigen Symptomen einer Nierenschädigung verbunden war und elf Todesopfer forderte. Die Ärzte dachten zunächst an eine Epidemie einer bislang unbekannten Infektionskrankheit. Doch konnte man weder einen Fall von eindeutiger Ansteckung noch einen Erreger dingfest machen.

Es begann ein intensives Nachforschen, um der mysteriösen Geschichte auf den Grund zu gehen. Dabei stellte sich heraus, daß alle Patienten vor ihrer Krankheit ein Pilzgericht verzehrt hatten. Die Hypothese einer Pilzvergiftung mochte freilich zunächst niemand so recht glauben: diese Mahlzeit hatte jeweils lange zuvor stattgefunden, in mehr als der Hälfte der Fälle über eine Woche vor dem Auftreten der ersten Symptome! Man stellte also getrocknete oder eingelegte Vorräte der verdächtigen Pilze in den Haushalten der Patienten sicher und verfütterte sie an Katzen

oder injizierte Kaninchen eine Abkochung davon. All diese Tiere starben an Niereninsuffizienz. Der somit eindeutig des Mordes überführten Pilz wurde schließlich von Experten als *Cortinarius orellanus*, der Orangefuchsige Rauhkopf, identifiziert - eine Art, die in mehreren namhaften Pilzbüchern der Zeit als eßbar bezeichnet wurde!

Im deutschsprachigen Raum dürfte dieser Mykorrhizapilz der Laub- und Mischwälder außer in deutlich wärmebegünstigten Gegenden eher selten sein. Doch findet sich v.a. in feuchten bis moorigen Fichtenwäldern der Alpen und Mittelgebirge manchmal ziemlich häufig sein nächster Verwandter, der Spitzkegelige Rauhkopf. Chemischen Analysen zufolge scheint er praktisch dieselben Inhaltsstoffe zu besitzen und machte sich dadurch natürlich höchst giftverdächtig. Den traurigsten Beweis für die Richtigkeit dieses Verdachts lieferten schließlich drei junge Schott-

Dunkelvioletter Schleierling (*Cortinarius violaceus* (L. : Fr.) Fr.)
Die Art wächst vom Spätsommer bis Herbst vorwiegend in moosreichen Nadelwäldern

landurlauber, die die rotbraunen Pilze in der Meinung, es handle sich um Pfifferlinge, verspeisten.

Glücklicherweise hat die heutige Medizin Niereninsuffizienzen soweit im Griff, daß Todesfälle durch die beiden Pilze weitgehend ausbleiben. Zur Notwendigkeit einer Nierentransplantation, wie bei zweien unserer Schottlandreisenden, oder lebenslanger Abhängigkeit von der Blutdialyse kann es aber in schweren Fällen nach wie vor kommen.

Wieviele Krankheitsfälle tatsächlich schon auf das Konto des Nierengiftes der beiden Rauhkopfarten gehen, läßt sich kaum schätzen. Die Verbindung einer plötzlichen Niereninsuffizienz mit einem tagelang zurückliegenden Pilzgericht wird sicher auch heute noch nicht immer erkannt. Möglicherweise sind es aber nicht allzuviele Opfer, die diese relativ

kleinen Pilze auf dem Gewissen haben, denn mit einem der gebräuchlichen Speisepilze lassen sie sich eigentlich nur bei grober Unkenntnis verwechseln.

Dennoch mag es manchen Leser verwundern, daß ein gefährlicher, ja tödlicher Giftpilz erst vor wenigen Jahrzehnten als solcher erkannt wurde. In Wahrheit dürfte aber noch eine ganze Reihe von Pilzarten unsere heimischen Wälder bevölkern, die ihr Gift bis heute vor den Menschen als Geheimnis bewahrt haben.

Gerade die beiden hier besprochenen gehören einer Gattung an, die alleine in Deutschland viele hundert Arten umfaßt. Nur sehr wenige davon haben die Menschen bisher in ihrem Speisewert erprobt und dabei, wie eben geschildert, nicht selten schlechte Erfahrungen gemacht. Es sollte bei diesen wenigen Versuchen bleiben!

Schleiereule

Cortinarius variicolor (Pers. : Fr.) Fr.
Syn.: *Cortinarius praestans* (Cordier) Gillet

Hut bis 20 cm breit, jung dunkel violett-blau bis purpurbraun, von bläulichwei-ßem, seidigem Schleier umgeben, dann rotbraun. Lamellen ton- bis rostbraun. Stiel derb knollig. Gilt als eßbar, enthält aber nach neueren Untersuchungen krebserregende Inhaltsstoffe.

Die Schleiereule wächst vorwiegend in Laubwäldern auf Kalkböden und wird als eine stark gefährdete Art eingestuft.

Blutblättriger Hautkopf

Cortinarius semisanguineus (Fr. : Fr.) Gill.

Hut bis 6 cm breit, gewölbt bis ausge-breitet, trocken, gelb- bis rotbraun. La-mellen blut- bis karminrot, Schneiden heller. Stiel bis 10 cm hoch, blaß gelb. Fleisch ockergelb. Geruch schwach jod- oder rettichartig. Giftig.

Der Blutblättrige Hautkopf fruktifiziert vom Sommer bis Herbst in Nadelwäl-dern, vor allem unter Kiefern, auf sauren Böden und ist weit verbreitet.

Heide-Schleimfuß

Cortinarius mucosus (Bull. : Fr.) Kickx

Hut bis 15 cm breit, gewölbt bis ausge-breitet, schleimig, glatt, rotbraun mit hel-lerem, lange eingerolltem Rand. Lamel-len schmutzig weißlich, dann zimtbraun. Stiel zylindrisch bis spindelig, weiß, schleimig. Fleisch weiß. Eßbar.

Der Heide-Schleimfuß kommt im Herbst vorwiegend in sandigen, flechtenreichen Kiefernwäldern auf sauren, nährstoffar-men Böden vor und ist vor allem in Nord- und Ostdeutschland verbreitet.

Wolliger Milchling (*Lactarius vellereus*)

Vom bunten Volk der Milchlinge und Täublinge

Die Gattungen *Lactarius* und *Russula*

Etwa 235 verschiedene Arten von Milchlingen und Täublingen sind bisher bei uns in Deutschland nachgewiesen worden. So lautet die nüchterne Bilanz des Pilzbuchhalters. Doch welche Vielfalt an Farben, Gerüchen und Geschmacksrichtungen verbirgt sich hinter dieser nackten Zahl! Schon eine kleine Namensauswahl mag einen Eindruck vermitteln: da gibt es den Pracht- und den Papageitäubling, Mohrenkopf, Blutreizker und Säufernase, den Maggipilz, Wanzenmilchling und Camembert-Täubling, und neben dem Brätling auch Brennreizker, Gallen- und Speitäublinge. Ein Paradies der Mannigfaltigkeit für das Auge, zarter Genuß oder kaum erträgliche Tortur für Nase, Zunge und Gaumen, wenn man die bei der genauen Identifizierung unumgängliche Geruchs- und Geschmacksprobe wagt.

Bei aller Vielfalt stellen all diese Arten aber doch eine sehr einheitliche und in sich geschlossene Gruppe des Pilzreiches dar. Der erfahrene Pilzfreund wird daher kaum je Schwierigkeiten haben, einen Milchling oder Täubling auf den ersten Blick als solchen zu erkennen. Der Anfänger dagegen bedient sich zur sicheren Diagnose oft eines „Stielbruchs", der hier freilich mit „ie" geschrieben werden muß: er bricht den Stiel des Pilzes quer zur Achse in zwei Teile. Bei allen Milchlingen und Täublingen geht das problemlos wie bei einem Stück Schafskäse, während die Stiele aller anderen Pilze hierbei mehr oder weniger stark der Länge nach auffasern. Ebenso leicht brechen auch die Lamellen der Milchlinge und Täublinge und splittern im Gegensatz zu denen anderer Pilze oft schon ab, wenn man mit dem Fingernagel leicht darüberfährt.

Rotstieliger Ledertäubling (*Russula olivacea*)

„Sprödblättler" hat man die aus beiden Gattungen gebildete Pilzgruppe daher auch getauft.

Die Blätter oder Lamellen der Hutunterseite bieten darüberhinaus noch ein weiteres Unterschiedungsmerkmal: sie reichen bei nahezu allen Milchlingen und Täublingen ausnahmslos vom Hutrand bis zum Stiel. Bei anderen Pilze sind dagegen immer wieder kürzere Lamellen untermischt, die zwar am Hutrand beginnen, dann aber irgendwo im Verlauf des Hutradius enden und den Stiel nicht erreichen. Hat man mit Hilfe solcher Kennzeichen erst einmal die Zugehörigkeit zur Gruppe der „Sprödblättler" erkannt, so ist die Unterscheidung der beiden Gattungen einfach und schon anhand der Namen leicht zu merken: Milchlinge scheiden bei Verletzung einen Milchsaft aus, Täublinge dagegen nicht. Doch ganz gleich ob mit oder ohne Milchsaft: alle Arten sind obligate Mykorrhizapilze und kommen daher nur in Gesellschaft von Bäumen und Sträuchern vor.

Angesichts der oben erwähnten Vielfalt der Geschmacksrichtungen dürfte es kaum verwundern, daß es unter Milchlingen wie Täublingen sowohl ausgezeichnete Speisepilze wie auch absolut ungenießbare Gesellen gibt. Die simple Regel, wonach alle mild schmeckenden Täublinge eßbar sind, alle scharfschmeckenden dagegen nicht, mag zwar in etwa stimmen, von einem Feinschmecker wurde sie allerdings nicht aufgestellt. Unter den Milchlingen scheint es dagegen auch einige wenige schwach giftige Arten zu geben.

Mitteleuropäische Speisepilzsammler beschränken sich daher, sofern Milchlinge und Täublinge überhaupt auf ihrer Wunschliste stehen, meist auf einige wenige Arten mit mildem Geschmack. Dazu gehören beispielsweise die „Reizker" im engen Sinn (orangefarbe-

Fichtenreizker

Lactarius deterrimus Gröger

Hut bis 10 cm breit, erst gewölbt, dann flach trichterförmig, orangefleischrötlich, im Alter grünfleckig. Lamellen blaß orange, grünend. Stiel orange, ohne Gruben oder Flecken. Fleisch blaß. Milch karottenrot, nach einigen Minuten weinrot, beim Eintrocknen grünlich. Geruch fruchtig. Eßbar.

Der Fichtenreizker wächst vom Sommer bis Herbst ausschließlich unter Fichten und ist weit verbreitet.

Heidemilchling

Lactarius musteus Fr.

Hut bis 10 cm breit, auf weißlichem Grund ockerfarben gescheckt. Lamellen blaß fleischrötlich. Stiel wie Hut gefärbt. Milch weiß, fast mild, beim Eintrocknen gilbend. Geruch apfelartig. Ungenießbar.

Der Heidemilchling wächst vom Sommer bis Herbst unter Kiefern in flechtenreichen Kiefernwäldern und an trockenen Stellen in Mooren, vor allem auf sauren Böden, und ist sehr selten (stark gefährdete Art).

ne Milchlinge mit karottenroter Milch), der Brätling oder der Frauentäubling. In Osteuropa, wo die Verwendung von Pilzen für die Küche seit Urzeiten eine Selbstverständlichkeit ist, kennt man dagegen viele Mittel und Wege, auch brennend scharfe Pilze zu schmackhaften Gerichten zu verarbeiten. Wässern über Nacht, Abkochen, Einsalzen, Einlegen in gewürzten Essig oder saure Milch zählen hier zu den gebräuchlichen Arbeitstechniken der Pilzküche.

Zu solchen Praktiken freilich gehört eine gute Portion Know-how. Schließlich sollen einem die Erfahrungen des Wiener K.u.K. Hofrats und Leibarztes KARL VON KRAPF erspart blei-

ben, der einst in heroischen Selbstversuchen die Wirkung von roten Täublingen auf den menschlichen Organismus zu ergründen suchte. Begnügen wir uns hier mit der Schilderung der allerersten Symptome:

Fleisch von solcher Schärfe, daß mir bei deren Versuchen die Zunge schmerzhaft brannte; auch wurde ich durch den scharfen Geruch öfters zum heftigen Niesen gereizt, und es flossen mir dabei viele Tränen aus den Augen ...

Wer jemals auch nur ein winziges Stück Speitäubling zerbissen hat, der kann bestätigen: Herr Hofrat hat nicht übertrieben!

Orangeroter Graustieltäubling

Russula decolorans (Fr. : Fr.) Fr.

Hut bis 12 cm breit, gewölbt bis ausgebreitet, orange bis kupferfarben. Lamellen zunächst weiß, dann cremefarben, im Alter grauend. Stiel erst weiß und dann grauend. Fleisch weiß, nach Anschnitt grauend. Geschmack mild. Eßbar.

Der Orangerote Graustieltäubling fruktifiziert vor allem unter Kiefern in Heide- und Moorwäldern auf sauren Böden und ist weit verbreitet.

Gedrungener Buchen-Speitäubling

Russula mairei Sing.

Hut bis 5 cm breit, gewölbt bis ausgebreitet, schwach klebrig, matt, rot bis rosa, stellenweise weißfleckend. Lamellen, Stiel und Fleisch weiß. Geschmack brennend scharf. Giftig.

Der Buchen-Speitäubling wächst vom Sommer bis Herbst in Buchenwäldern und unter einzelstehenden Buchen in Parkanlagen auf unterschiedlichen Böden und ist weit verbreitet.

Stachelbeertäubling

Russula queletii Fr.

Hut bis 8 cm breit, etwas klebrig, gewölbt bis ausgebreitet, trüb weinrot bis dunkelpurpurn. Lamellen blaß cremefarben. Stiel karmin- bis lilarot. Fleisch brüchig, wäßrig, grauweiß. Geruch nach Stachelbeerkompott, Geschmack brennend scharf. Ungenießbar.

Der Stachelbeertäubling kommt vom Sommer bis Herbst vor allem in Fichtenwäldern auf kalkhaltigen Böden vor und ist stellenweise häufig.

Sommer-Trüffel (*Tuber aestivum*)

Die Trüffel -
Königin der Speisepilze

Périgord-Trüffel - *Tuber melanosporum* Vittad.
Sommer-Trüffel - *Tuber aestivum* Vittad.

Kennzeichen der Sommer-Trüffel: Fruchtkörper 3 bis 10 cm, selten bis 18 cm im Durchmesser, unregelmäßig knollig; Außenseite braunschwarz bis schwarz, dicht mit pyramidenförmigen Höckern besetzt, Höcher meist sechseckig; Inneres gelblich bis graugelb, bräunlich verfärbend, durch weißliche Adern marmoriert; Geruch angenehm, intensiv.

Es soll Leute geben, die legen sich beim Verzehr der Périgord-Trüffel die Serviette über den Kopf. Die hinter dem Tuch verborgene innige Zweisamkeit des vornübergebeugten Genießers mit seiner edlen Speise gewährleistet, daß sich möglichst wenig von dem köstlichen Aroma sinnlos in der Raumluft verflüchtigt. Bei aller Exzentrik muß man einem solchen Gourmet jedoch auch ein ausgeprägt wirtschaftliches Denken bescheinigen. Im-merhin mehrere tausend Mark hat man beim Kauf eines Kilogramms Périgord-Trüffeln zu berappen. Der vollendete Genuß von solch teuer bezahltem Luxus sollte nun wirklich nicht den Vorschriften des Herrn Knigge geopfert werden!

Die unterirdisch wachsende Knolle war bereits im Altertum heiß begehrt, und natürlich versuchte man schon früh, sie zu kultivieren. Bekannt wurde etwa das Experiment des Grafen VON BUFFON, Intendant des Königlichen Gartens von Paris und Verfasser einer 44-bändigen Naturgeschichte. Doch sein Versuch, Trüffeln im eigenen Garten zu ziehen, mußte fehlschlagen, denn dem 18. Jahrhundert fehlte jedes Wissen um die Biologie dieses Pilzes.

Durch Zufall aber entdeckte 1810 ein weit weniger gelehrter Mann die im Prinzip noch heute praktizierte Methode der Trüffelkultur.

Es war der Bauer JOSEPH TALON im südfranzösischen Département Vaucluse. Auf einem wertlosen, steinigen Stück Land säte er Eicheln, und siehe da: nach einigen Jahren konnte er unter den jungen Eichenbäumchen Trüffeln sammeln. Talon besaß Geschäftssinn und Cleverness genug, um es nicht einfach bei dieser freudigen Überraschung bewenden zu lassen. Er kaufte weiteres wertloses Land, säte weitere Eicheln und erntete auch hier schließlich die edle Knolle, verkaufte sie und kam zu einem gewissen Wohlstand. Dabei hütete er seine Methode als strenges Geheimnis. Erst kurz vor seinem Tod verriet er sie einem befreundeten Trüffelhändler, der sie schließlich allgemein propagierte, was dem Trüffelhandel einen enormen Aufschwung bescherte.

1885 lieferte der Deutsche BERNHARD FRANK mit der Entdeckung der Mykorrhiza schließlich die wissenschaftliche Erklärung dafür, warum die Trüffel nur in Wäldern und Baumplantagen, aber nicht im heimischen Gemüsebeet gedeiht - wir haben seine Einsichten bereits im allgemeinen Kapitel über die Mykorrhiza kennengelernt. Was für die biologische Wissenschaft ein bahnbrechender Fortschritt war, blieb jedoch für die Trüffelzucht lange ohne direkte Auswirkungen. Noch bis in die 1960er Jahre wurde die Methode des Joseph Talon kaum verändert: man begnügte sich damit, Eichen an trüffelgeeigneten Standorten zu pflanzen und die Fläche zu pflegen, etwa indem man in den ersten Jahren das Erdreich oberflächlich auflockerte. Was man eigentlich ernten wollte, wurde jedoch nicht ausgebracht; die Trüffel mußte sich den ihr bereiteten Lebensraum alleine durch natürliche Ausbreitung erobern - Landwirtschaft auf primitivsten Niveau, aber erfolgreich!

Das heute übliche Beimpfen der Bäumchen erfolgt bereits vor deren Auspflanzung an ihren endgültigen Standort. Man gibt dabei Trüffelstückchen, ein daraus bereitetes Mus oder eine Sporensuspension zu den kleinen Pflanzen in die zuvor sterilisierte Erde. Das sich entwickelnde Mycel muß nun mit den Wurzeln eine Mykorrhiza bilden, denn die ist für die Fruchtkörperproduktion der Trüffel unabdingbare Voraussetzung. Auch Erde aus bereits bestehenden „Truffières" (Trüffelplantagen) enthält natürlich Trüffelmycel und eignet sich daher zur Animpfung. Inzwischen sind trüffelbeimpfte Pflänzchen, die vor dem Verkauf auf den Mykorrhizierungserfolg hin überprüft wurden, auch im Handel erhältlich.

Das bedeutet freilich nicht, daß sich heute jeder seine Gourmetknollen im eigenen Schrebergarten ziehen kann. Denn die Périgord-Trüffel ist ein anspruchsvolles Gewächs, für deren Gedeihen sowohl Boden als auch Klima eine Vielzahl engumgrenzter Voraussetzungen erfüllen müssen. Nicht zuletzt deshalb blieben Südfrankreich und daneben Italien bis heute die Hauptproduzenten dieser edelsten Trüffelsorte. Doch auch dort ist der Erfolg bei der Anlage einer neuen Truffière keineswegs vorprogrammiert. Ob sich die Mühe gelohnt hat, erfährt der hoffnungsvolle Trüffelbauer erst sehr viel später: sechs bis acht Jahre dauert es im Schnitt, bis die erste Ernte eingefahren werden kann, und auch nach zehn Jahren ergebnislosen Wartens sollte man noch nicht voreilig von einem Mißerfolg sprechen.

War Ihre Königliche Majestät die Trüffel mit den ihr angebotenen Standortsbedingungen zufrieden und belohnt den Landesherrn eines schönen Frühjahrs huldvoll mit ihrer Fruchtkörperproduktion, so kommen meist speziell zur Trüffelsuche abgerichtete Haustiere zum Einsatz. Nicht selten wird dabei übrigens Hunden der Vorzug vor den legendären Trüffelschweinen gegeben. Aber auch der auf sich alleine gestellte Mensch ist zur Trüffelsuche keineswegs völlig unbegabt, und tatsächlich spürt ein erfahrener Sammler seine Beute mit praktisch derselben unfehlbaren Sicherheit auf wie Hunde oder Schweine. Anders als die schnuppernden Vierbeiner verläßt er sich dabei aber weniger auf die Nase als auf seinen Gesichtssinn. Denn wiewohl unsichtbar unter

Weiße Mäandertrüffel

Choiromyces venosus (Fr.) Th. Fr.
Syn.: *Choiromyces meandriformis* Vitt.

Fruchtkörper rundlich, bis 1,5 cm breit, glatt, zunächst weiß, dann gelbbraun. Inneres kompakt, marmoriert. Geruch kräftig, aromatisch.

Die weiße Mäandertrüffel wächst vom Sommer bis Herbst auf lehmigem, kalkhaltigem Boden in Laub- und Nadelwäldern, ist gut gekocht eßbar, sollte aber wegen ihrer Seltenheit geschont werden (stark gefährdete Art).

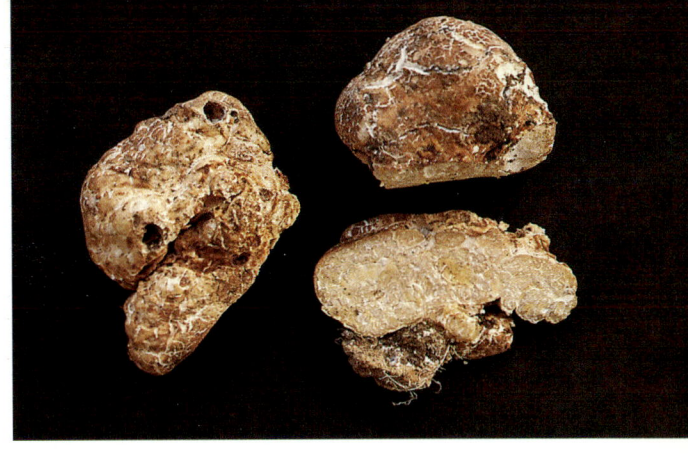

der Erde verborgen, geben Trüffeln dem Kundigen doch untrügliche optische Zeichen ihrer Anwesenheit: sie „verbrennen den Boden", will heißen, sie beeinflussen die darüberliegende Vegetationsdecke. Nur wenige Pflanzen können hier überhaupt gedeihen, so daß die nackte Erde sichtbar wird und die Stelle nicht mehr grün, sondern mehr oder weniger „verbrannt", also schwarz erscheint.

Es gibt aber auch Menschen, die von sich behaupten, sie spürten die unterirdischen Knollen wie Hunde und Schweine mit der Nase auf. Der ausgesprochen aromatische Duft ist bei der Trüffel dabei keineswegs eine sinnlose Laune der Natur, sondern ein elementarer Teil ihrer Fortpflanzungsstrategie. Anders als den oberirdisch wachsenden Pilzen steht ihnen ja nicht der Wind als Sporentransporteur zur Verfügung. Sie sind auf Tiere als Überträger angewiesen, und die müssen erst einmal angelockt werden. Daß all die Nagetiere, Wildschweine, Rehe und Hirsche es nicht beim Beschnuppern bewenden lassen, sondern die Fruchtkörper auch begierig fressen, ist Teil dieser Strategie. Den Sporen fügt die Darmpassage nämlich keinerlei Schaden zu, und vielleicht werden die Häufchen oder Kügelchen, mit denen sie wieder ans Tageslicht kommen, ja an einem trüffelgeeigneten und gleichwohl noch trüffelfreien Standort abgesetzt.

Auch bei uns Menschen scheint der Trüffelduft kräftig die Sinne zu reizen (obwohl wir die verspeisten Sporen wohl nur in den seltensten Fällen an einer passenden Stelle zurücklassen). Und es gibt für den besonderen kulinarischen Reiz dieses Aromas sogar wissenschaftliche Erklärungsansätze. Forscher aus Freising und Kiel haben nämlich in Trüffeln eine Duftsubstanz nachgewiesen, die auch in menschlichen Hoden produziert wird und eine der Geruchskomponenten des männlichen Achselschweißes darstellt. Aber auch die Damenwelt verzichtet nicht auf diese besondere Note: einen identischen Geruchsstoff entdeckten Wissenschaftler im weiblichen Urin.

Auch wenn solche Düfte in unserer Gesellschaft als unschicklich gelten, so dürften sie doch mehr als nur eine unnütze Laune der Natur sein. Unser Geruchsstoff etwa soll, wie die Forscher vermuten, als Sexualpheromon fungieren, oder weniger wissenschaftlich ausgedrückt: er soll „anmachen". Man schließt das aus einer Studie, bei der Freiwilligen die Fotos von Frauen vorgelegt wurden, die, das sei ausdrücklich betont, normal und keineswegs unsittlich bekleidet waren. Gleichzeitig bekamen die Versuchspersonen, ohne es zu wissen, in einigen Fällen den Trüffel-Herrenschweiß-Damenurin-Duftstoff zu riechen, in anderen dagegen nicht. Und siehe da: den zusammen mit Geruch präsentierten Fotodamen wurde prompt eine höhere sexuelle Attraktivität zugesprochen.

Weitgehend zweifelsfrei erwiesen scheint eine solche Pheromonwirkung bei Schweinen zu sein, wo exakt derselbe Geruchstoff vor der Begattung mit dem Speichel des Ebers ausgeschieden wird und die Sau in Hitze bringt. Auf das Vorkommen dieses Sexuallockstoffs im Trüffelaroma soll denn auch die besondere Eignung weiblicher Schweine zur Trüffeljagd beruhen. Ob das „Verführaroma" der Substanz auch für die außerordentliche geschmackliche Wertschätzung der Trüffel beim Menschen verantwortlich zu machen ist, sei freilich dahingestellt. Schließlich enthält auch das Fleisch eines ausgewachsenen Ebers den Stoff in deutlich wahrnehmbaren Konzentrationen, und dennoch findet wohl weder Mann noch Frau so recht Gefallen daran.

Wer sich nun trotz des wissenschaftlich untermauerten „geilen Geschmacks" die wahrhaft gepfefferten Preise für Trüffeln nicht leisten will, muß nicht zwangsläufig auf diesen Genuß verzichten. Schließlich kann man sich auch selbst auf die Suche begeben, wozu man nicht einmal einen Hund und auch Schwein nur im übertragenen Sinn braucht. Freilich: der Königin unter den Trüffeln, der „truffe du Périgord" ist es in Deutschland entschieden zu kalt. Lediglich im warmen Baden soll sie als extreme Rarität vorkommen. Doch sie hat hierzulande sehr nahe Verwandte, und zwei von ihnen sind sicher zu den erlesenen Delikatessen zu zählen, auch wenn sie nicht den vollen kulinarischen Wert ihrer französischen Schwester erreichen: die auch sehr seltene Wintertrüffel und die schon deutlich erfolgversprechendere Sommertrüffel, so genannt, weil die ersten reifen Knollen meist im August erscheinen. Sie fruchtet dann aber bis in den Dezember hinein.

Allerdings ist auch die Sommertrüffel alles andere als anspruchslos, und es hat wenig Sinn, einfach im nächstgelegenen Wald nach ihr zu suchen. Kalkgebiete müssen es sein, und hier suche man sonnenexponierte Laubwälder mit flachgründiger, kalksteindurchsetzter Schwarzerde an Weg- und Waldrändern nach „verbranntem Boden" ab. „Wo es in Mitteleuropa Laubwälder auf Kalkböden gibt, leben auch Speisetrüffeln", so ermutigt der deutsche Trüffelexperte GERHARD GROß. Wer ernsthaft die Suche aufnehmen will, der lese zuvor dessen sehr detaillierte und dazu amüsant verfaßte Ratschläge, die er 1975 in der Zeitschrift für Mykologie veröffentlicht hat.

War einem schließlich Erfolg beschieden, so dankt man es dem Autor darüberhinaus besonders, daß er am Ende des Artikels auch seine Gattin mit einigen erprobten Konservierungshinweisen und Rezepten zu Wort kommen läßt. Vielleicht dürfen wir Ihnen mit einem davon etwas den Mund wäßrig machen:

Trüffeln nach Art der gräflichen Küche:

Frische oder in Weißwein konservierte Trüffeln werden in kleine Stücke geschnitten. Ein Topf wird mit dünnen Scheiben von rohem Schinken oder magerem Dörrfleisch - Menge und Größe löffelgerecht entsprechend den Trüffeln - ausgelegt. Darauf kommen 1 Lorbeerblatt, 1 Teelöffel Thymian, wenig Salz, grobgemahlener schwarzer Pfeffer, etwas Knoblauch und die Trüffelscheiben mit einem Stück Butter, eventuell noch eine Prise Zucker. Man gießt soviel (nicht zu sauren!) Weißwein darüber, daß alles schwimmt (etwa 1/4 bis 1/2 Liter bei einer Trüffelmenge von 120-150 Gramm, ausreichend als Vorspeise für 4-6 Personen). Nimmt man in Weißwein konservierte Trüffeln, so kann man natürlich auch diese Flüssigkeit verwenden. Im verschlossenen Topf muß das Ganze 30 Minuten (konservierte Trüffeln 15 Minuten) kochen. Mit frischem Weißbrot oder Toast werden die Trüffeln mitsamt der Brühe gegessen.

Zu guter Letzt:
Tips zum Sammeln und Kennenlernen von Pilzen

Pilzesammeln wäre so einfach, wenn - ja wenn man sich bei jedem Pilz sicher sein könnte, ob es sich nun um einen guten Speisepilz handelt oder nicht. Jahrhundertelang waren die Menschen daher auf der Suche nach Merkmalen, an denen die Bekömmlichkeit eines Pilzes abzulesen wäre - vergebens: damals wie heute weigern sich diese Geschöpfe beharrlich, einheitliche Kennzeichen anzunehmen, die den allbekannten Totenkopf- bzw. Messer/Gabel-Symbolen unserer Pilzbücher entsprechen.

„Man sammle nur Speisepilze, die man sicher kennt", so lautet daher die jedem Pilzsammler geläufige Grundregel, die ihn bei gewissenhafter Befolgung durchaus vor bösen Erfahrungen bewahren kann. Wenn man allerdings erlebt, mit welcher Sicherheit manche „Pilzexperten" einen Kahlen Krempling als Reizker und die Helmlinge am danebenstehenden Baumstumpf als Stockschwämmchen identifizieren, so erkennt man schnell die Schwachstelle eines solch weisen Ratschlags. Eine gute Portion Selbstzweifel ist hier also sicher nicht fehl am Platz.

Ist ein Pilz aber zweifelsfrei als guter Speisepilz identifiziert, so geht's ans Aufsammeln. In der Frage der hierbei anzuwendenen Methode ist das große Heer der Pilzsucher übrigens bis heute in zwei Lager geteilt. Sollte man die Fruchtkörper nun besser mit einem Messer abschneiden, um das Mycel nicht zu verletzen, oder aber ganz herausnehmen, da die im sonst zurückbleibenden Stielrest entstehenden Fäulnisstoffe das Mycel vergiften könnten? Unsere Meinung hierzu: Halten Sie es einfach so, wie es ihnen praktischer erscheint, und seien Sie beruhigt - das Mycel wird weder durch die zurückbleibende, verfaulende Stielbasis zugrunde gehen (schließlich verträgt es auch die Fäulnis ganzer, nicht gesammelter Fruchtkörper) noch durch eine geringfügige Störung beim vollständigen Herausnehmen der Pilze (es verfügt nämlich über eine ganz erstaunliche Regenerationskraft). Durchwühlen sollten sie den Waldboden oder die Moospolster aber nicht. Die Winzlinge, die Sie hierbei allenfalls finden könnten, wollen schließlich erst noch kräftig wachsen.

Danach ist Putzen angesagt, also das Entfernen von anhaftender Erde und Streu und das Herausschneiden von Maden- oder Schnekkenfraßstellen. Eventuell entfernt man auch weniger appetitliche Teile des Pilzes wie etwa eine schleimige Huthaut, eine allzu schwammige Röhrenschicht auf der Unterseite oder einen dünnen und zähen Stiel. Unser Tip: erledigen Sie diese Arbeiten gleich beim Sammeln. Im noch frischen Rausch des Finderglücks macht das nämlich viel mehr Spaß als später zu Hause. Nebenbei ersparen Sie Ihrer Küche einigen Schmutz und praktizieren eine naturgemäße Form der Abfallentsorgung, die der Waldboden überdies noch völlig gebührenfrei übernimmt.

Beim Umgang mit Pilzen sollte man immer ihre schnelle Fäulnisanfälligkeit, bedingt durch einen sehr hohen Eiweißgehalt, beachten. Fäulnis aber macht auch den einstmals besten Speisepilz zum Giftpilz. Freilich wissen wir selbst, wie weh es tut, wenn man nach einer wenig ergiebigen Sammeltour endlich einige wirklich große, bei näherem Hinsehen aber halt leider schon überständige Steinpilze findet - es hat keinen Sinn: sie bleiben im Wald. Aus demselben Grund sind auch Plastiktüten und alle weitgehend luftdichten Gefäße beim Sammeln und Aufbewahren von Frischpilzen tabu. Und so hat der altbewährte Flechtkorb seine Stellung als ideales Pilzsammelbehältnis bis heute halten können. Zur kurzfristigen Aufbewahrung lege man die bereits kleingeschnittenen Pilze auf einem offenen Teller oder Sieb in den Kühlschrank.

Spätestens nach einem Tag sollten sie dann verarbeitet werden. Und so lecker das daraus bereitete Gericht schließlich auch gewesen ist, etwa übriggebliebene Reste sind Abfall und kein schnelles Abendessen für morgen.

Hat man einmal Gefallen an der herbstlichen Pilzpirsch gefunden, so wird sich bald der Wunsch regen, das Pilzwissen und damit die eigene Speisepilzpalette zu erweitern. In der Regel greift man dabei zunächst nach einem Pilzbestimmungsbuch, wie sie der Buchhandel in großer Auswahl bezüglich Umfang und Preis bereithält.

Informativer als das Blättern in einem noch so dicken Buch ist aber meist ein kurzer Besuch bei einer Pilzberatungsstelle, deren Adressen und Öffnungszeiten Sie während der Saison für gewöhnlich in Ihrer Tageszeitung veröffentlicht finden. Dort wird man sich über Ihr Interesse freuen und Ihnen gerne kompetente und kostenlose Auskunft erteilen. Sie sollten das ehrenamtliche Engagement der Mitarbeiter aber nicht dazu mißbrauchen, einen wahllos gesammelten Pilzberg in „eßbar" und „nicht eßbar" sortieren zu lassen. Nehmen Sie Papier und Bleistift mit, um sich Namen und Kennzeichen der Ihnen unbekannten Arten zu notieren. Und auch wenn sie nicht eßbar sind: es macht Freude, sie beim nächsten Mal gleich wieder zu erkennen!

Wer fachkundige Beratung gleich während des Sammelns wünscht, schließe sich am besten einem pilzkundlichen Verein an. In der Regel findet man hier vom nur kulinarisch ambitionierten Pilzfreund bis zum hochversierten Experten für alle Interessenslagen den richtigen Ansprechpartner. Nebenbei wird einem dann auch sicher so manch ergiebiges Sammelplätzchen verraten.

Eine Warnung zum Schluß: schon so mancher, der sich auf die Beschäftigung mit Pilzen eingelassen hat, ist schließlich „vom Pilz gebissen worden" und sein Leben lang nicht mehr von dieser Pilzleidenschaft losgekommen. Die Autoren sprechen da aus eigener, allerdings keineswegs leidvoller Erfahrung!

Literatur

Die nachfolgende Liste umfaßt eine Auswahl der wichtigsten ausgewerteten Literaturstellen. Reine Pilzbestimmungsbücher wurden nicht aufgenommen.

AINSWORTH, G.C. (1976): Introduction to the history of mycology. Cambridge University Press, 359 S.

BREITENBACH, J. & F. KRÄNZLIN (1981, 1986, 1991): Pilze der Schweiz. Band 1 - 3. Verlag Mycologia.

BRESINSKY, A. & H. BESL (1985): Giftpilze. Ein Handbuch für Apotheker, Ärzte und Biologen. Wissenschaftliche Verlagsgesellschaft, Stuttgart, 295 S.

CLAUS, R., H.O. HOPPEN & H. KARG (1981): The secret of truffles: a steroidal pheromone? Experientia 37: 1178-1179.

DEUTSCHE GESELLSCHAFT FÜR MYKOLOGIE & NATURSCHUTZBUND DEUTSCHLAND (1992): Rote Liste der gefährdeten Großpilze in Deutschland. Schriftenreihe „Naturschutz Spezial", 144 S.

DITTMER, W. (1984): Frische Pilze selbst gezogen. BLV Garten- und Blumenpraxis.

DÖRFELT, H. & H. GÖRNER (1989): Die Welt der Pilze. Urania-Verlag, Leipzig.

EBERT, H.-J. (1992): Zur Situation des Pilzschutzes und des Handels mit Pilzen in Vergangenheit und Gegenwart - Gedanken über den Werdegang bestehender Gesetze in Deutschland und deren Inhalt. DGfM-Mitteilungen (Beilage zur Zeitschrift für Mykologie) 2: 30-39.

GROß, G. (1975): Die Sommertrüffel (Tuber aestivum Vitt.) und ihre Verwandten im mittleren Europa (1). Zeitschrift für Pilzkunde 41: 5-18.

HECK, C. (1983): Grünewald und der Isenheimer Altar. Editions S.A.E.P. Ingersheim, 64 S.

HERRMANN, M. (1962): Die Verwendung des Echten Zunderschwammes - Fomes fomentarius (Fr.) Kickx - einst und jetzt. Mykologisches Mitteilungsblatt (Halle) 6: 56-62.

HOFMANN, A. (1979): LSD - Mein Sorgenkind. Klett-Verlag.

JAHN, H. (1979): Pilze die an Holz wachsen. Bussesche Verlagshandlung, Herford, 268 S.

JAHN, H. (1980): Der Sklerotien-Porling, Polyporus tuberaster (Pers. ex Fr.) Fr. (P. lentus Berkeley). Westfälische Pilzbriefe 11: 125-144.

JENNINGS, D.H. & A.F. BRAVERY (Hrsg.) (1991): Serpula lacrymans - fundamental biology and control strategies. John Wiley & Sons, Chichester, 217 S.

KILLERMANN, S. (1927): Die mittelalterliche Pilzkenntnis. Zeitschrift für Pilzkunde 6: 81-87.

KILLERMANN, S. (1936): Die ersten Untersuchungen über die Pilzgifte. Zeitschrift für Pilzkunde 15: 75-77.

KRIEGLSTEINER, G.J. (1992): Das neue europäische Areal des Tintenfischpilzes Clathrus archeri (Berk.) Dring. Beiträge zur Kenntnis der Pilze Mitteleuropas 8: 29-64.

KRIEGLSTEINER, G.J. & D. SEIBT (1993): Irritationen um Pfifferling und Steinpilz - Naturschutzgesetz, Rote Listen und Marktpilzordnung. DGfM-Mitteilungen (Beilage zur Zeitschrift für Mykologie) 3: 30-32.

MÜLLER, G.K., M. HUTH & K. HERSCHEL (1978): Beobachtungen zur Identität von *Polyporus tuberaster* (Pers.) per Fr. und *Polyporus lentus* Berk. Feddes Repertorium **89**: 61-73.

NEUBERT, H., W. NOWOTNY & K. BAUMANN (1993): Die Myxomyceten Deutschlands und des angrenzenden Alpenraums unter besonderer Berücksichtigung Österreichs. Band 1. Baumann Verlag, 343 S.

NUSS, I. (1986): Zur Ökologie der Porlinge. II. Zur Entwicklungsmorphologie der Fruchtkörper und ihre Beeinflussung durch klimatische und andere Faktoren. J. Cramer in der Gebrüder Borntraeger Verlagsbuchhandlung, 300 S.

PRIEHÄUßER, G. (1931): Über den Zunderschwamm (*Polyporus fomentarius*). Zeitschrift für Pilzkunde **10**: 115-119.

RYMAN, S. & I. HOLMASEN (1992): Pilze. Über 1500 Pilzarten ausführlich beschrieben und in natürlicher Umgebung fotografiert. Thalacker Verlag, Braunschweig.

SCHMID, G. (1934): Pietra fungaja. Ein mykologischer Briefwechsel Goethes. Zeitschrift für Pilzkunde **13**: 71-81, 110-118, 140-151.

SHANTZ, H.L. & R.L. PIEMEISEL (1917): Fungus fairy rings in Eastern Colorado and their effect on vegetation. Journal of Agricultural Research **11**: 191-245.

SINGER, R. & B. HARRIS (1987): Mushrooms and Truffles. Botany, Cultivation, and Utilization. Koeltz, Königstein, 389 S.

WASSON, R.G. (1968): Soma - divine mushroom of immortality. Ethno-mycological Studies No. 1, Mouton, Den Haag, 381 S. (Reprint New York 1971).

WASSON, V.P. & R.G. WASSON (1957): Mushrooms, Russia and history. Pantheon Books, New York, 433 S. in 2 Bänden.

WEBER, H. [Hrsg.] (1993): Allgemeine Mykologie. Gustav Fischer Verlag Jena, Stuttgart, 541 S.

Dank

Zunächst bedanken wir uns beim Apothekerservice der Firma Thomae unter Leitung von Herrn G. Leeb für die Möglichkeit, über die Gestaltung eines Pilzbuches nachdenken und letztendlich ein Pilzbuch schreiben zu dürfen.

Dieses Buch wäre in der nun vorliegenden Form nicht möglich gewesen ohne die freundliche Unterstützung, die wir bei unserem Vorhaben von vielen Seiten erfahren durften. So stellten uns die Herren Prof. Dr. R. Agerer (München), J. Christan (Erding), Dr. habil. I. Nuß (Mintraching-Sengkofen), Karl F. Reinwald (Lauf), P. Schirmer (Hofgeismar) und G. Wölfel (Erlangen) bereitwillig ihr reichhaltiges Diamaterial zur Verfügung.

Herr E. Ludwig (Berlin) erlaubte den Abdruck einiger seiner Pilzaquarelle und Herr Dr. habil. H. Dörfelt die Verwendung und Umgestaltung zweier graphischer Schaubilder. Material für Fotos zur Champignon-Zucht wurde uns kostenlos von der Firma Erdinger Pilzsubstrat (P. Empl, Erding) überlassen.

Besonders erwähnt sei schließlich noch die Mithilfe von Herrn Dr. O. Raith (Regensburg), der uns einige sehr alte Literaturwerke zugänglich machte und uns auch bei deren Übersetzung und Ausdeutung mit großer Sachkenntnis zur Seite stand.

Allen Genannten ein ganz herzliches Dankeschön!

Index